文献元数据设计指南和实践

沈仲祺　张建勇　编著

科学技术文献出版社
SCIENTIFIC AND TECHNICAL DOCUMENTATION PRESS
·北京·

图书在版编目（CIP）数据

文献元数据设计指南和实践/沈仲祺，张建勇编著．—北京：科学技术文献出版社，2017.6

ISBN 978-7-5189-2860-6

Ⅰ.①文… Ⅱ.①沈… ②张… Ⅲ.①元数据—研究 Ⅳ.①G254.364

中国版本图书馆 CIP 数据核字（2017）第 137934 号

文献元数据设计指南和实践

策划编辑：周国臻　责任编辑：王瑞瑞　白建刚　责任校对：张吲哚　责任出版：张志平

出 版 者　科学技术文献出版社
地　　址　北京市复兴路 15 号　邮编　100038
编 务 部　（010）58882938，58882087（传真）
发 行 部　（010）58882868，58882874（传真）
邮 购 部　（010）58882873
官方网址　www. stdp. com. cn
发 行 者　科学技术文献出版社发行　全国各地新华书店经销
印 刷 者　虎彩印艺股份有限公司
版　　次　2017 年 6 月第 1 版　2017 年 6 月第 1 次印刷
开　　本　787×1092　1/16
字　　数　263 千
印　　张　13.5
书　　号　ISBN 978-7-5189-2860-6
定　　价　58.00 元

编　委　会

前　言

在新的信息环境下，数字文献资源逐渐成为主流资源形态，开放出版迅猛发展，用户信息需求和使用行为发生了重大变化，图书馆的资源组织和服务面临重大挑战。图书馆的文献管理和服务系统不仅要揭示文献、发现文献线索，而且要进行数据挖掘和知识化服务。文献元数据在揭示和发现文献方面起着重要的作用，为文献数据的汇聚融合、统一管理、集成揭示和内容挖掘创造了有利条件。多年来，各个领域和各个行业都制定了相关的元数据标准，支持自身业务的发展，其中都柏林核心元数据倡议（DCMI）已历经20多年，在各个领域充分应用，而图书馆、档案馆、教育机构、出版机构、数字资源仓储机构等纷纷制定了多样化的元数据标准。2003年，科技部支持建设的我国数字图书馆标准规范建设项目全面梳理了数字图书馆领域的标准规范，形成了广泛的影响。此后国家图书馆也制定了数字图书馆元数据行业标准。美国国家医学图书馆提出的期刊文档标签集（JATS 1.1版本）用标签的方式对期刊论文全文进行了结构化描述，该标准被出版社和长期保存机构广泛采用。Web of Science、Scopus等数据服务系统也逐步公开了自己的元数据标准。

图书馆用户的需求也从一般的文献获取向数据分析、结构化全文获取方向发展，相应地图书馆的文献描述也从一般的文献编目向论文元数据描述和全文结构化及语义描述方向发展。现代图书馆的服务不仅要能提供文献的馆藏，同时也能提供数据分析和知识发现服务。在广泛调研国内外相关系统和标准基础上，为适应新的信息环境，满足用户的需求，本书撰写工作组基于前瞻性、协同化、最小粒度、模块化和兼容国际标准等原则，参照 DC 元数据应用纲要（DCAP）的基本框架，撰写了文献元数据设计指南，确定了文献元数据制定的基本流程，即功能需求分析、领域模型构建、设计元数据记录、编制使用指南、计算机语言形式化描述；详细说明了流程中每个步骤的内容、要求、方法，为制定文献元数据标准确定了基本的方法体系。

在本书第二部分，针对国家科技图书文献中心（NSTL）的建设目标和资源状况，根据文献元数据设计指南的流程和方法，设计了满足 NSTL 文献管理和应用需求的统一文献元数据标准，适用的文献对象涵盖 NSTL 购买、交换、赠予等方式获取的科技类资源，包括期刊、会议录、科技丛书、科技专著、文集汇编、工具书、科技报告、期刊论文、会议论文、学位论文、开放课程、开放课件等；可统一描述文献的印刷版本、数字版本，统一描述文献对象各个层次的信息，满足 NSTL 数字业务流程中文献数据管理和应用服务的需求。

本书提出的文献元数据设计指南和统一文献元数据标准的视角侧重于元数据的应用，重视用户使用需求，采用用户需求驱动的方式规划设计文献元数据标准。在撰写过程中，撰写工作组广泛调研了现有相关元数据标准，调研各类用户的需求，召开了多次专家研讨会，征求专家的意见，几易其稿，并在实际应用环境中测试标准的可用性。

在本书成书过程中，沈仲祺主编确立了设计指南和统一文献元数据标准编制的目标和原则，指明标准研究的框架和方向，对最终版本进行了修订；张建勇主编确定了编制元数据设计指南的流程和方法体系，主持了设计指南和统一文献元数据标准具体撰写过程，并撰写了导言、功能需求章节，与黄永文合作撰写了领域模型章节，最后审定了全稿；于倩倩撰写了指南部分的元数据记录设计章节，具体组织协调统一文献元数据标准的撰写、修订工作，完成 4 个数据对象的撰写工作，并进行统稿、审校、修订和完善；董智鹏、黄永文、邓彩虹、周毅、李芳分别负责1~2个数据对象的撰写、修订工作，并进行内容审校；董智鹏撰写了形式化描述方法和形式化描述章节。此外，刘筱敏、鲜国建、王星、葛红梅、王昉、袁国华、寇晶晶参与了标准内容修改和审校工作。

在本书撰写过程中，多位专家对本书进行了评审、论证和指导，他们是彭以祺、吴波尔、张晓林、曾建勋、孙坦、宋文、姜爱蓉、王继民、孟连生、梁芳、胡铁军、梁冰、赵瑞雪、赵艳。其中，曾建勋研究员对书中引用的标准逐一进行了审定，并对全书审校；孟连生研究员对全书内容进行了审校。NSTL资源工作组和数据库建设工作组相关成员参与了讨论，并提出了重要建议。在此，对他们的贡献一并表示感谢。

希望本书对图书馆和文献领域机构在文献的描述、组织和系统建设方面的工作具有一定的指导作用。

沈仲祺　张建勇

2017年3月20日

目　　录

第一部分　文献元数据设计指南

1　导言

元数据（Metadata）是关于数据的数据，即根据特定的目的定义描述规则来描述特定类型的资源，是对数据进行组织和管理的基础。随着语义网和大数据的发展，大量的各种来源的资源和数据可被存储和管理，万维网联盟（W3C）认为元数据在集成和组合来自不同源的数据方面具有重要的作用。元数据可以对任意层次的信息内容元素、信息单元和信息集合以计算机可识别和理解的方式定义、描述、指向、链接、传递和动态组织。数字信息环境下的元数据应能满足根据语义、应用和结构需要对任何信息内容（包括数据、文件、规则、过程、体制）进行定义、标记、描述、识别、验证和解释；满足信息系统对内容的指向、确认、检索和传递，并进行深入的过滤、析取、转换、链接、合并、集成和重组。

为保证信息系统中数据的一致性和互操作性，各系统建立之初的元数据规划设计需要根据一定的规则来建设，并建立开放的元数据定义、验证、解析机制，保证系统可持续发展。本指南的目的在于从基本理论和流程的角度指导和约束各个系统和各个层面在设计元数据时应遵循的方法和流程，适用的使用对象包括系统分析人员、系统开发人员、元数据设计人员、数据管理人员、服务及最终用户等。

1.1　元数据的描述对象

元数据的描述对象不仅包括描述信息对象（图书、期刊文献、网络文件、图像等）的数据，也包括信息内容、信息系统、信息过程中各个层次的内容，如分类法、用户使用政策、信息服务模块或界面等。

1.2　元数据的通用技术性要求

在数字环境中讨论元数据时，对元数据的设计有下列技术性的要求：①开放性定义，即元数据的定义本身是公开可获取的和采用标准方式实现的，可通过标准或通用方法来识别和解析元数据所描述的信息内容。②开放性语义确认、验证和解析，即元数据的语义可通过标准或通用方法来识别、验证和解析。③可交换、可复用、可继承和可扩展，即可基于开放标准对元数据进行交换，在不同元数据集间进行元素的复用、继承和扩展。④计算机可识别和理解，支持计算机对元数据及用元数据标记的信息内容进行识别和理解[1]。符合上述要求的元数据格式将能方便地应用、理解和交换，成为数字信息环境中的基础设施。

1.3 元数据技术体系

为了开放地描述和组织信息内容的各个层次及其相互关系，需要基本的方法和技术体系：①技术体系中最基本的内容就是编码，信息内容由 ISO 10646 UCS/Unicode 来编码，实现底层数据编码的一致性。②统一的标识符 URI。各类及各个层次的数据都有统一的唯一标识符。③对信息单元的内容、结构、格式等由基于 XML 的标记技术进行定义、标记、描述和组织。④设计的元数据格式在开放登记系统中登记，登记系统通过开放平台提供元数据格式及相应元数据体系的公开查询和调用，因此保障任何系统能够查询到并利用标准方法识别元数据的结构和语义。

1.4 设计元数据的人员要求

为了保证元数据设计的有效性和可用性，在设计元数据时具体项目的负责人应全程参与元数据的设计。系统分析人员要能够清晰描述系统需求，并勾画领域模型，为元数据的设计打下良好基础。元数据设计人员要在领域模型的基础上，选择和定义数据元素，对系统元数据进行详细设计。信息技术人员要熟悉资源描述规则和形式化描述语言等。参与元数据设计的相关人员除了对元数据的相关理论方法较为熟悉外，还应能理解互联网的相关概念和理论，数据管理人员应对各元数据的结构和元素的内容及含义进一步细化和解释。

2 元数据应用框架

数据环境的复杂性使得描述数据的元数据不可能或不应该由单一的元数据规则来描述，各类应用的发展产生了多样化的元数据规范，以满足各类数据描述需要。但是在数字环境下，设计的元数据应能满足数字环境下开放性的要求，本指南借鉴 DC 元数据应用纲要[2]［Framework for Dublin Core Application Profiles（DCAP）］的要求来指导和约束各个系统和项目所开展的元数据的设计工作。本指南根据 DCAP 的流程化思想建立了一个设计元数据的通用技术框架，如图 1－1 所示，旨在确定建立元数据的基本流程和方法，据此设计的元数据满足各个方面和系统应用元数据的需要，是一个通用的元数据规划模型。

该模型定义了一套流程和方法去制定元数据，基本流程如下。

①功能需求分析，即为什么要设计元数据，这套元数据要达到什么目的，应用的具体需求是什么。

②领域模型构建，即元素集合和相互关系定义。

③设计元数据记录。

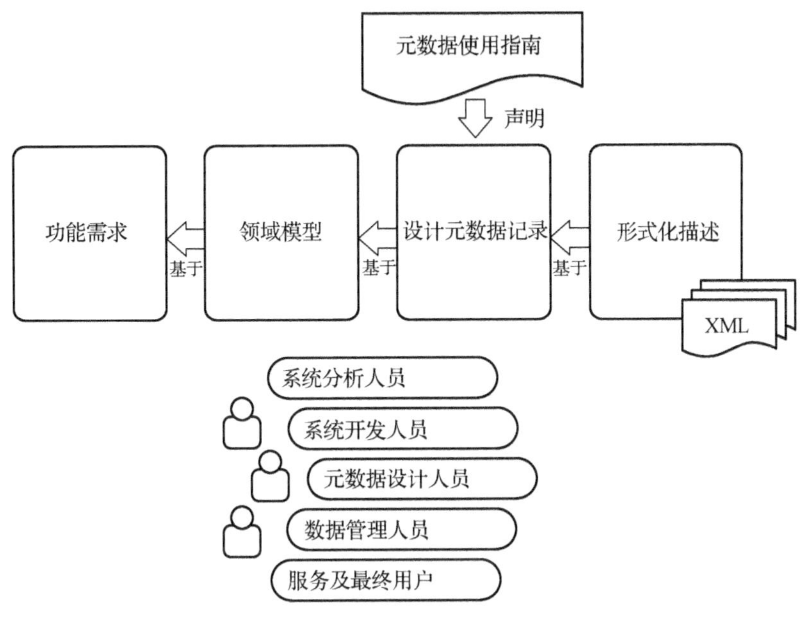

图 1－1 元数据应用框架

④编制使用指南。

⑤计算机描述语言进行形式化描述。

本指南更多关注元数据设计的流程和方法，将其作为设计元数据的路线图，据此规划设计符合开放性要求的描述数据和资源的元数据，满足 NSTL 完整数据业务流程中规范设计元数据的需求。

3 功能需求分析

3.1 功能需求的必要性

任何元数据设计的目的都是支持某项活动，而为该活动中的应用确定明确的目标是非常关键的第一步。功能需求就是确定应用目标和应用活动范围的重要组成部分。如果应用目标立足点较高或实现较为困难，可参考马斯洛需求层次理论对目标进行分解。明确的功能需求将用来约束元数据应用的边界。

3.2 如何创建合适的功能需求

合适的功能需求应该是能满足资源用户和应用开发者的需要，根据这样的需求设计出来的元数据才能够支持系统的应用。功能需求设计至少应回答以下几个问题。

（1）元数据应用要实现什么功能，应用的边界是什么，哪些功能不能实现？

即设计元数据时应明确应用的目的和主要功能，同时还要清楚地了解该应用的功能局限，哪些功能不能实现。

（2）应用如何服务用户？

即该应用如何实现与用户之间的交互，如何满足用户的需求，用户通过怎样的操作才能获得自己想要的结果。

（3）应用有哪些专门的操作？

明确应用所要求的专门的操作，如排序、下载特有格式的数据等。只有这样才能够保证元数据充分满足该应用所有的功能需求。

（4）元数据所描述资源的核心特点是什么？

不同的资源具有不同的特点，这些特点将会影响元数据元素的选择。需要根据所描述资源的核心特点来定义元素，以确保元素的定义全面合理。

（5）系统所服务用户的特点是什么？

即系统是服务专门用户还是大众用户，这些用户的主要语言是什么，他们有多了解所描述的数据对象。只有充分了解目标用户，才能保证元数据设计满足用户的需求。

（6）有没有相关的描述标准？

即是否存在与自己的应用设计相关的元数据规范，这些规范的设计特点是什么，其中有哪些内容是可以借鉴的。

3.3 功能需求创建过程及方法

创建功能需求时推荐参考 DCAP 发展方法［A method for the Development of Dublin Core Application Profiles（Me4DCAP）］[3]。Me4DCAP 定义了功能需求创建的 4 个步骤，即工作计划、愿景描述、功能需求表达和用例模型。具体的创建过程如下。

（1）工作计划

工作计划即规定项目的起止时间及中间各步骤完成的时间点。同时它还规定了各个参与成员的责任。工作计划通常是由工作团队各成员共同协商制订的，并且可以根据项目需要进行不断修改。工作计划可以是文本形式，也可以是甘特图或者其他任何图表形式。

（2）愿景描述

愿景描述展现了应用要达到的目标，定义了功能的范围和界限，它通常以文本的形式存在。愿景描述采用头脑风暴的方法得出，即团队成员集思广益，通过不断讨论修改得出最终的结果。TBMAP[4]、WSDM 方法[5]及 RUP 等的研究都将愿景描述作为功能需求创建的重要一步。

（3）功能需求描述

功能需求表是由工作团队，特别是最终用户及项目管理者提出的功能需求列表。功能需求的归纳可以采用与愿景描述同样的方法，需要团队全体成员的参与。在用例模型阶段，功能需求表也会进一步细化。

（4）用例模型

用例使得功能需求的创建更加系统和直观，用例能够更好地理解所研究的实体和属性。为保证实现系统功能，每个用例都要对必须完成的工作给出详细的说明。用例模型主要包括两个部分：①UML 用例图。该用例图包括在用例之间起相互作用的角色。它详细描述了系统的功能。②所有详细用例的集合。该集合包含各个具体的用例及对于每个用例的详细介绍。可参考的用例模型包括 TBMAP[4]、VMAP、Images Application Profile（IAP）[6]和 DRYAD[7]等。

经过以上 4 个步骤形成的功能需求包含了一般的及特定的需求。团队中的每个成员都可以提出自己的功能需求想法，然后检验是否存在重复的功能需求，同时要保证每一个成员的特定需求都得到满足。最终的结果需要由全体成员讨论得出。

除了上面提到的创建方法，还有其他一些收集需求的方法，例如，Scholarly Works Application Profile（SWAP）[8]需求收集的方法有以下内容。

（1）查阅现有的实例

例如，eprints. org-e-Prints Soton[9]；DSpace-Edinburgh Research Archive[10]；Fedora-Queensland QUT[11]；Other-CCLRC ePubs[12]。

（2）查阅现有的或者已经提出的应用纲要

例如，Eprints UK-Using simple Dublin Core to describe eprints[13]；DSpace-DSpace metadata[14]；Arrow discovery service，Australia-ARROW application profile[15]；Swedish SVEP project Metadata model[16]。

（3）工作组或者更广泛的团队之间的讨论

开发过程往往需要多团队之间的合作，可能包括服务管理团队、相关领域的专家、应用的开发者及潜在的最终用户等。不同角色的团体成员对于需求会有不同的认识和理解，因此成员之间的交流讨论有助于需求的广泛收集，这也是需求确定的一个重要途径。

（4）收集/编写使用场景和用例

编写特定应用的场景和用例有助于特有需求的创建，以避免某些特有的功能需求被忽视。如 SWAP 中的需求“Copy is made available by”，它的使用场景就是：一个用户或者服务想要了解资源的其他副本、其他服务或者知识库是由谁提供的。

3.4　功能需求创建实例

一般的文献数据库包括期刊论文、会议论文、学位论文、文集汇编和科技报告。期刊论文、会议论文及文集汇编都是结集出版的文献，学位论文和科技报告则通常是单篇或者成册出版[17]。那么文献数据库元数据从功能上应支持如下内容。

（1）文献选择

包括：①按类型选择文献；②根据文献主题和内容选择文献；③根据文献引用频次

选择文献。

（2）文献识别

包括：①根据文献特征识别；②识别文献作者及其所在机构；③通过全球通用的DOI识别文献；④通过本地通用的 Local DOI 识别文献；⑤识别所描述对象是否有纸本全文。

（3）文献获取

包括：①检索文献主题和文摘；②支持多语种的文献检索；③支持 OpenURL 链接服务器对检索结果的调用，帮助实现原文获取；④支持在 NSTL 成员馆范围内的全文获取。

（4）数据管理

包括：①实现按文献品种分配加工任务，避免重复加工；②按本（册）管理加工进度；③根据加工深度要求（加工题录、文摘或是引文）安排加工任务；④支持 OAI 协议对数据的收割。

另外，功能需求的设计必须支持某些用户任务，例如，Functional Requirements for Bibliographic Records（FRBR）[18]中有如下任务。

（1）利用数据找到符合用户搜索条件的材料

例如，搜索特定主题的所有文献，或者搜索某个标题下的出版记录等。

（2）运用检索来确定一个实体中的数据

例如，要确定某条记录中所描述的文献与用户搜索的文献相一致，或者能够有效区分具有相同标题的两个文本或者记录。

（3）利用数据来选择符合用户需求的实体

例如，选择的文本应该具有用户能够理解的语言，选择的计算机程序要与用户的硬件及操作系统相兼容。

（4）利用数据能够获取或者访问所描述的实体

例如，对某个出版物下采购订单，请求借阅馆藏中某本书的副本，或者能够访问远程计算机中的电子文献等。

功能需求也应包括需要解决的问题的总体目标和具体任务。这方面可参考的例子是SWAP，它的功能需求中的总体任务有：便于识别的开放获取的材料。具体任务有：①全文识别，即提供一种能够链接到全文的有效方法；②版本识别、不同版本之间的导航；③研究资助者和项目代码识别；④OpenURL，即支持从检索结果到 OpenURL 链接服务器之间的转换；⑤扩展性，即该应用支持对于其他类型资源的可扩展性；⑥责任声明，即能够获取资源的作者信息；⑦研究资助者和项目编号，即可以识别研究资助者和项目编号的功能等。

功能需求分析是元数据制定过程中的重要组成部分，在创建过程中要充分考虑到各个方面的需要。根据确定的创建和收集功能需求过程和方法，并参考现有的功能需求创建实例，制定符合目标应用的功能需求。这个过程需要工作组或者整个团队成员的广泛参与，各成员提出自己的功能需求想法，并在团队之间进行交流讨论，最终得出全面详细的功能需求分析报告。

4　领域模型构建

4.1　领域模型的界定

功能需求确定后，下一步就需要选择或者设计领域模型。领域模型是抽象描述现实世界的一种工具和方法，是通过抽象的实体及实体之间联系的形式来表示现实世界中事务的相互关系的一种映射。实体主要指现实世界中存在的可以相互区分的事务或概念。

创建领域模型可以提高模型的抽象层次，减少思维与软件模型之间的表示差距，并促进对问题的理解。领域模型一方面需要具有较强的语义表达能力，能够方便直接地表达应用中的各种语义知识，另一方面还需要尽可能简单、清晰，并易于理解。

领域模型决定哪些资源需要被标识和描述，是数据元素选择和定义的基础，也是进行元数据设计的蓝图。描述领域模型时，重点是表达对象及对象之间的关联，而先忽略对象的属性。对象的属性在详细的数据模型设计中进行描述。

4.2　领域模型建立的步骤

领域模型主要表现的是抽象的实体对象和实体对象之间的关系，通过对实体对象和实体对象之间关系的定义和描述来表达实际的业务中具体的业务关系。领域模型通常是在功能需求分析的基础上进行建立的，可以复用或参考其他外部定义的数据模型，同时需要考虑具体应用和元数据设计的互操作性。

领域模型建立的步骤主要包括3个步骤。

（1）根据具体的功能需求确定实体对象，并对实体对象命名

在对需求进行逻辑分析后，对业务进行初步的归纳和提炼，抽取关键业务概念，并将之抽象化，确定需要标识和描述的实体对象，并对它们进行命名和定义。实体对象可以从符号、内涵和外延进行考虑，符号是表示对象的词语，内涵是对对象的定义，外延是一组示例。可以通过重用或修改现有模型中的实体对象，或使用领域术语，或通过语言分析技术从领域文本中识别相关概念作为候选对象等。实体是领域模型的最小单元，是不可再分的。

（2）确定实体对象之间的相互关系，定义实体对象之间的关联和约束

实体对象不是孤立存在的，它们之间存在各种各样的关系，通过细化和厘清业务流程之间的关联、抽象实体间相互的关联性，形成完整的领域模型。实体建模法能够很容易地实现业务模型的划分，因此，在领域建模阶段，实体建模法有着广泛的应用。实体建模法作为用于描述实体间关系的重要方法，也能应用于更详尽地描述实体之间的特有

关系。例如，人事信息系统的模型会显示可能存在于一个雇员与另一雇员间的关系（如夫妻关系）。如果这些关系对于这一模式化领域的信息用户是重要的，就应该定义为模型的一部分。

（3）采用一定的描述方式展示领域模型，以方便业务人员和技术人员之间的交流和沟通

领域模型既可以采用图形方法说明，也可以采用文本方法描述。领域模型的描述方法和方式主要有 UML（Unified Modeling Language，统一建模语言）、ER（Entity-Relationship diagram，实体关系图）、ORM（Object Role Modeling，对象关系模型）、OMT（Object Modeling Technique，对象模型技术）等。其中，UML、ER、ORM 是领域模型常用的描述方式。

UML 是一种定义良好、易于表达、功能较强的面向对象建模语言，通过 UML 表示法，领域模型被描述为一组没有定义操作的类图，提供了对象透视图，可以展示领域对象、对象之间的关系、对象的属性等。为了描述方式的统一，本指南要求使用 UML 描述领域模型。

4.3 领域模型的检验

领域模型建立后，需要从以下几个方面对模型进行验证确认：①该模型是否分析出了足够的实体对象，并描述了它们之间的关系；②如果该模型采用了外部定义的数据模型，该模型是否被明确标识；③被引用的模型与本应用是否有不同之处；④应用中使用的领域模型是否基于广泛使用的模型，例如，书目记录功能需求 FRBR 就是图书馆描述书目资源时所使用的一个重要的参考模型。

4.4 领域模型实例分析

采用 UML 进行领域模型的描述，主要目的是借助 UML 定义一致的事物名称和术语，实现不同用户群体之间准确的沟通。下面采用 UML 来描述 MyBookCase 领域模型和 SWAP 领域模型。

（1）MyBookCase 领域模型

MyBookCase 有两类实体对象：图书（book）和作者（person）。一个关联关系：图书和作者的撰写关系（is authored by）。MyBookCase 领域模型具体如图 1－2 所示。可以用题名（title）和语种（language）等元数据来描述图书，可以用人名（name）和邮箱地址（email）等元数据来描述作者。

（2）SWAP 领域模型

领域模型可以比 MyBookCase 模型简单些，也可以选择和设计复杂的领域模型。例如，SWAP 领域模型主要是基于 FRBR 模型构建的。SWAP 定义了专门的学术作品对象，而没有采用 FRBR 的一般实体对象“Work”。与 FRBR 模型相比，SWAP 引入了一些新

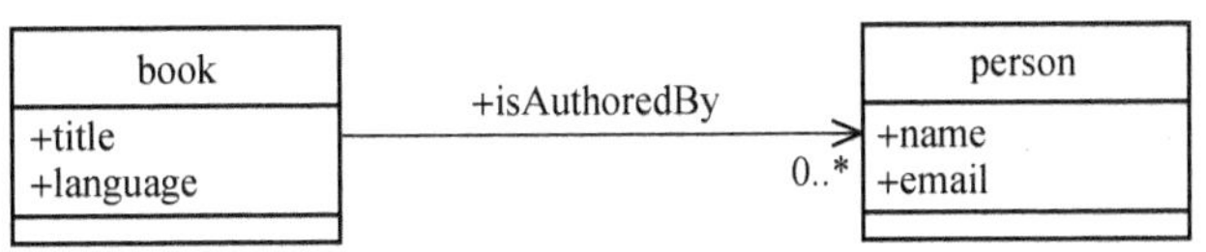

图 1－2 MyBookCase 领域模型

的对象关系，如“isFundedBy”（被赞助）、“isSupervisedBy”（被监督）等。总之，SWAP 是在 FRBR 基础之上进行了一些个性化定制，以满足它的特殊需要。

SWAP 领域模型具体如图 1－3 所示。SWAP 领域模型由学术作品（scholarly works）、内容表达（expression）、载体表现（manifestation）、副本（copy）和代理（agent）5 种实体对象及其之间的关系描述组成。SWAP 的学术作品相当于 FRBR 中的作品（work），Copy 相当于 FRBR 中的单件（item），Agent 相当于 FRBR 中的个人或者团体。

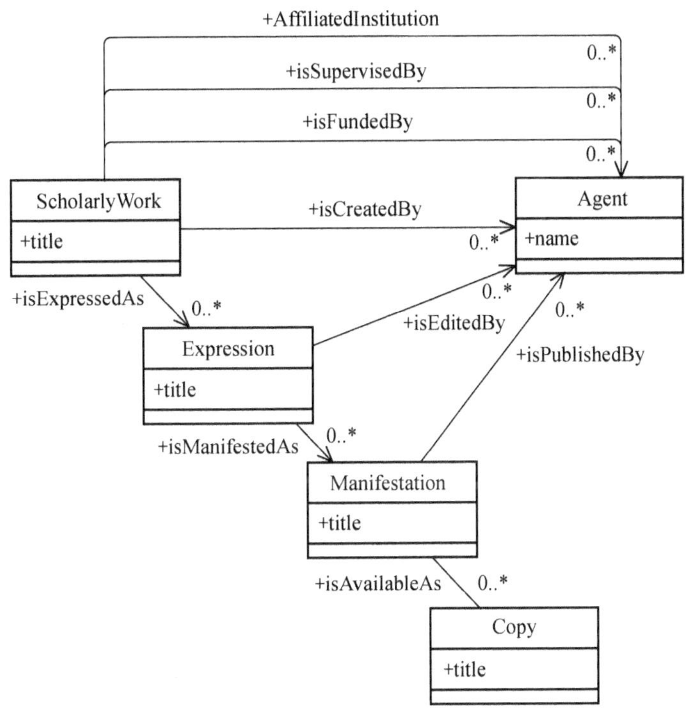

图 1－3 SWAP 领域模型

4.5 详细的数据模型

设计和确定领域模型后，如果认为模型描述得不够细致，还可以把领域模型具体化，形成详细的数据模型。根据元数据设计模块化原则，通常每一类资源的描述包含有多个元素集和元素集的相关关系。例如，用 UML 描述的期刊论文资源的数据模型如图1－4所示。

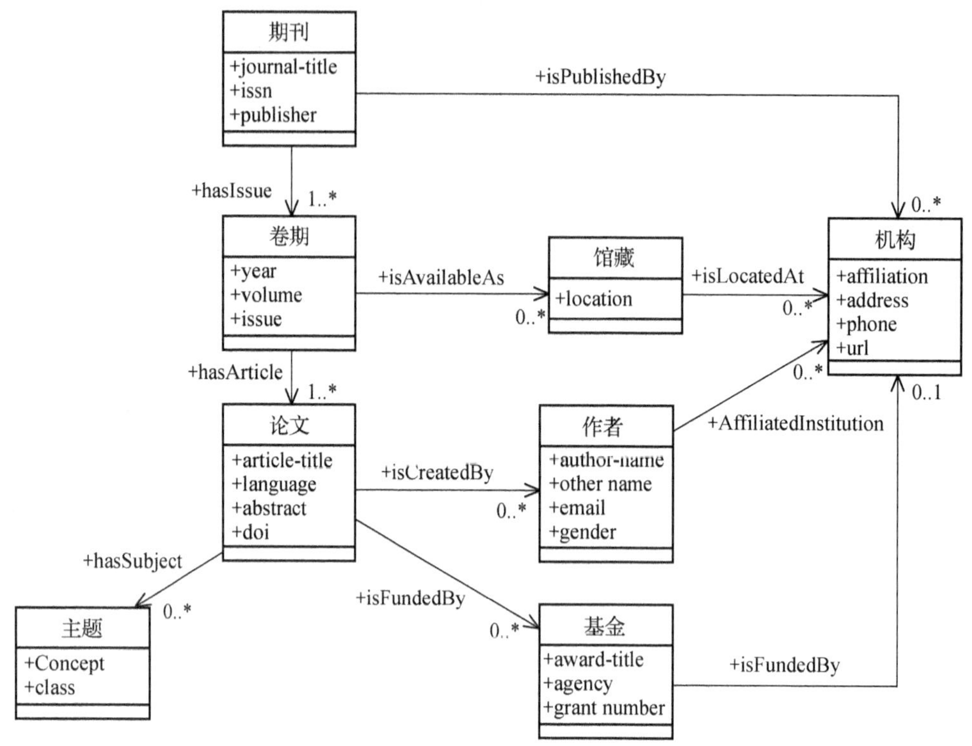

图 1-4 期刊论文的数据模型

对期刊论文的描述包含有 8 个元素集，分别是论文元素集、作者元素集、卷期元素集、期刊元素集、馆藏元素集、机构元素集、基金元素集和主题元素集，它们之间的关系可以概括如下：一篇期刊论文由一个或多个作者创作；一篇期刊论文包含于特定期刊的特定卷期中；特定期刊卷期包含于/属于某一种期刊；一种期刊被一家或多家机构出版；特定期刊卷期被一家或多家图书馆收藏；一个作者属于一个或多个机构；一篇期刊论文由一个或多个基金资助；一个基金被一家机构资助；一篇期刊论文有一个或多个主题。

5 元素选取和定义方法

5.1 元素选择方法

领域模型定义完成后，需要选择合适的元素来描述模型中的资源对象，如图书（book）可以通过题名（title）和作者（author）元素进行描述，个人（person）可以通过姓名（name）和邮箱地址（email）元素进行描述。

元素的选取需要遵循一定的规则。

（1）元素可以取自于一个或多个 URI 命名域

通过公开的可以访问的资源标识符，保证所引用的元数据元素是规范的、可辨识的，同时保证元数据的互操作能力。

（2）复用已有元数据规范中的元素

目前已有丰富的元数据规范对数据元素进行定义，如DC、FOAF、BIBO、JATS、Dryad等，选取元素时首先对这些元数据规范进行扫描，筛选出与需求相符的元数据规范并进行分析，然后复用筛选的元数据规范中定义的元素，在已有元数据规范没有定义所需元素的情况下，可根据实际应用需要增加新的元素。对于同一系统或同一体系中的元数据，描述相同对象的数据元素要统一，以保证系统内部和系统间数据元素的一致性。

（3）自定义元数据规范中的元素

一种情况是已有元数据规范没有定义所需元素，可根据实际应用需要自定义新的元素，如前所述。一种情况是不对元素进行复用，直接采取自行定义的方式，对于这种情况，需要对自定义的元素和已有的较为通用的元数据规范进行映射对照，以获得最大的语义兼容性，并提高元数据间的互操作性。

（4）自定义相关的编码体系

在引用已有元数据规范中的元素时，既可以直接采用其对应的编码体系，如引用日期（date）时，取值也遵守W3C标准格式，也可以对所引用的标准元素进行适应本地化实际需求的裁剪，如主题（subject）的词表编码体系可以是美国国会主题词表（LCSH），也可以是汉语主题词表。

对于编码体系的进一步定义或采用更为切合实际需求的本地化编码体系是实现元数据语义本地适合性的重要一环，也可以视之为元数据语义本地化应用的必要条件之一[19]。

（5）可根据需求定义元素结构

在简单描述（如描述作者时仅使用姓名或出生年元素）不能满足需求的情况下，可以使用复杂结构（如从姓名、邮箱和所属机构等多方面描述作者）进行描述，并定义各个元数据的元素之间的相互关系，如元素与子元素之间的关系、上位类与下位类之间的关系、元数据中元素与修饰词之间的关系等。

人们一般根据特定应用领域的成熟信息处理框架或标准来决定元数据的内容结构，并在元数据定义中对此进行说明，例如，MARC依据ISBD，EAD依据ISAD（G），ICPSR依据ICPSR Data Preparation Manual，SCORM依据ADL/SCORM，NEDLIB依据OAIS。

5.2 元素定义方法

对元素本身有关属性进行定义，一般遵循ISO/IEC 11179标准“数据元素的基本属性（Basic Attributes of Data Elements）”[20]。以Dublin Core元素为例，早期从ISO 11179标准中选取了10个属性进行定义[21]，其中，Name属性是赋予元素的一个给人识别的标签，Identifier 是机器可读标签，如此定义会产生大量的冗余信息。目前 DC 把给人读的标签换为 Lable 属性，并明确把 URI 作为 Identifier，Name 属性就作为一个机读的 token，并将属性分为必备属性和有则必备属性[22]。

本指南在前述标准及相关研究基础上，并结合 JATS 标准，推荐从 9 个方面对元素进行定义，如表 1－1 所示。很多元数据方案如 Web of Science 元数据、Scopus 元数据、JATS 元数据等都引用了属性描述元数据，属性能将表达相同或相似内容的元素进行归并。在参考 JATS 标准的基础上，本指南推荐从 6 个方面对属性进行定义，如表 1－2 所示。

表 1－1 元素定义

序号	标签	名称	说明	约束
1	中文名称	Label	通过适合人们阅读的词汇描述元素，本指南中使用中文	必备
2	名称	Name	为方便计算机处理而定义的元素标记，本指南中名称使用英文	必备
3	URI	URI	元素的唯一标识	必备
4	定义	Definition	对元素含义的解释性说明文字	必备
5	注释	Remarks	对元素的附加性说明	有则必备
6	描述	Description	元素间的结构关系	有则必备
7	相关元素	Related-element	与该元素相关的元素	有则必备
8	属性	Attribute	元素中应用到的属性	有则必备
9	示例	Example	xml 样例说明	有则必备

表 1－2 属性定义

序号	标签	名称	说明	约束
1	中文名称	Label	通过适合人们阅读的词汇描述属性，本指南中使用中文	必备
2	名称	Name	为方便计算机处理而定义的属性标记，本指南中名称使用英文	必备
3	定义	Definition	对属性含义的解释性说明文字	必备
4	属性值	Value	属性的取值内容，包含编码体系	必备
5	使用限制	Constraints	属性使用的限制	有则必备
6	示例	Example	xml 样例说明	有则必备

编码体系的确定根据在描述元素内容时应该采用的编码体系。编码体系可以是特定标准，或是最佳实践，或是自定义的描述要求（instructions）。为了准确使用元数据，应该在定义元素时明确定义相应的编码体系。编码体系分为词表编码体系和语法编码体系[21]。词表编码体系是指元素的属性值取自某受控词表，如描述主题的词表编码体系可以是 LCSH、MESH、DDC 或 UDC 等。语法编码体系是指字符串的值的格式遵循某一标准或规范，如日期的内容编码体系遵循 ISO 8601 标准。推荐使用的编码体系标准见本部分后的附录 1。

一个元素应尽可能地被允许使用多个编码体系，如主题元素。但具体单位使用它来进行元数据标引时，必须从格式允许的多种编码体系中选取一种作为实施标准，甚至从格式没有明确指出的其他编码体系中选择一种，如在中国规定用《汉语主题词表》中词汇描述主题，又如 OhioLink 在使用 VRA Core 时要求主题元素使用 AAT（Art & Architecture Thesaurus）、TGM（Thesaurus for Graphic Materials）和 TGN（Thesaurus of Geographic Names），人名元素用 ULA（Union List of Artists Names）。

5.3　元素选取实例分析

以 MyBookCase 为例，选取描述图书（book）的元素需要考虑以下几个方面：①元素是否来源于图书本身，如题名（title）必须来源于图书本身，取值为自由文本；②元素是否以多种形式进行应用，如日期（date）显示格式必须统一，以便对检索到的书目记录进行排序；③如何保证元素取值的一致性，如采用受控词表保证图书语言（language）元素取值的一致性；④如何对取值进行规范，如采用受控词表（如 LCSH）提取主题词，保证取值规范性；⑤元素是简单元素还是复合元素，如作者（author）不是单一的文本字符串，通过姓名、邮箱等子元素描述。

上述分析将产生以下数据模型：①题名（title）：可以使用元素 article-title 或 RDA 元素 rda: title，取值为自由文本。②日期（date）：可选择元素 date，取值为字符串。通过语法编码体系 dcterms: W3CDTF 表明取值遵循 W3C 日期和时间格式标准。③语言（language）：采用 ISO 639-1 国际标准，使用元素 dcterms: language 或 RDA 元素 rda: languageOfExpression，取值既可以是唯一标识符也可以是字符串。④主题（subject）：可选择 LCSH 作为词表编码体系，使用元素 dcterms: subject。⑤作者（author）：作者需要从多个方面描述，如姓名和邮箱。可以使用 dcterms: creator，取值为非文本值。姓名要将姓和名分开标记，DCMI 中没有相关元素，可以使用 FOAF 元素 foaf: firstName 和 foaf: family_name，邮箱可以使用 FOAF 元素 foaf: mbox，为非文本值。

6　设计元数据记录

元数据记录描述了元素及元素之间的关系。在确定元素后，下一步要详细设计与描述元数据记录结构。设计元数据记录结构需要考虑的问题包括元素的出现频次、元素取值、编码体系、元素出现的顺序、元素间的交叉引用关系等相关的技术细节约束。只有考虑清楚这些技术细节约束，才能形成良好的元数据记录。如果元数据记录的元素和相关结构已考虑得非常清楚，可通过形式化语言描述出来，便于计算机理解。

以 MyBookCase 的元数据记录设计为例进行说明。MyBookCase 的元数据记录有两个实体对象：书和人。书的描述元素包括题名、创建日期、主题、作者，并按顺序出现；作者的描述元素包括姓、名和邮箱，也按顺序出现。将书出现次数设为一次，假设每本书有且仅有一个题名，描述元素为 title，取值类型为字符串；可能有多个主题词，即最小出现次数为 0 次，最大出现次数为无穷尽，描述元素为 subject，取值为字符串；可能有多个作者，将最大出现次数设为 5 个，取值类型为复合型，作者姓使用 family_name 描述，可能有一个，名使用 given_name 描述，可能有多个，取值都为字符串；邮箱使用 email 描述，也可能有多个，取值为 URI。

此实例中一些元素的最小出现次数为 0，这时表明此元素为可选，即没有元素，元数据记录也是有效的。一些元素是可重复的，如一篇论文有多个作者。一个作者可以有一个可选的名、一个可选的姓，也可以有邮箱，邮箱必须是 URI。由于一个人可能有多个邮箱，故邮箱允许出现多次。每个作者的描述数据代表了一个作者，如果有两个作者，则元数据记录中需要有两个作者描述，允许一个作者有多个姓名的存在，如真实姓名和笔名。如果需要描述作者所在机构信息，则创建包含机构名称、机构地址的描述信息，并与作者描述相联系。

7 使用指南

使用指南提供元数据的著录规则，解释原因并指导人们创建元数据。理想状态下，使用指南解释每个元素，预测在元数据创建过程中产生的问题并做出指导。提供给元数据创建者的文档中包含了与元数据记录结构中相同的一些信息，相较于元数据记录更便于人理解。这些输入的元数据需要明确：属性是否必要，是否具备可重复性，该属性可否使用限制值。通常在用户界面可以解决问题，如为元数据创建者提供有效值列表。

使用指南中的某些规则具体如下：①对于多个作者合著的成果，如何对作者进行排序，著录多少个作者（如“前 3”“不超过 20”）？②如何解释文档类型的专有词汇？③“最小”记录所必备的元素有哪些？④字符串包含的字符、标点符号和缩写。

有些情况下使用指南比较简单，对元素的描述直接包含于元数据记录文件中。如 SWAP 的使用说明就包含于元数据记录结构中。

有些组织规则繁杂，因其内容长度长和复杂程度高，使用指南需要单独的文档。如作为图书馆编目指南的《英美编目规则》是一本长达 600 页的书。其内容涉及多个章节标题，涵盖多页文档，使用指南最好与元数据记录分离。使用指南可以由管理人员和元数据程序员来管理，而元数据对象的属性和类的描述信息必须由学科专家填写。

8 元数据形式化描述

本指南中描述的技术是语法中性。也就是说不要求任何特定的机器可读编码的语法，只需要语法能充分表达元数据中的值和关系。为了帮助开发人员将应用文件开发为应用软件，DCMI 开发了各种编码指南[23]。目前已经或正在采用 HTML/XHTML、XML 及 RDF/XML 开发元数据的编码指南，未来可能添加其他形式。只要产生的数据格式符合兼容的基础标准和语义标准，不限制语法类型。

语法指南因其是技术文档，必须由应用的程序员编写。元数据语法是将元数据形式化描述，即将元数据规范体系的所有语义、结构及描述的内容以人可读或计算机可读的形式化方式描述出来，并满足标准、开放、互操作及人机可读的要求，其中以 XML 语言应用为多。本指南推荐使用 XML 语言实现元数据形式化描述，以 XML 文档实现数据的传递和交互，以 XML Schema 实现数据验证。关于 XML 语言的描述见本部分后的附录 2。

参考文献

[1] 张晓林．元数据研究与应用［M］．北京：北京图书馆出版社，2002.

[2] Guidelines for Dublin Core Application Profiles [EB/OL]. [2015-03-26]. http://dublincore.org/documents/profile-guidelines/.

[3] Mariana Curado Malta, Ana Alice Baptista. Me4DCAP-Detail [R]. Portugal: University of Minho, Algoritmi Center, 2013.

[4] Calverley Gayle, Johnston Pete. Time-based Media Application Profile: Definition Phase Report [EB/OL]. [2015-03-04]. http://wiki.manchester.ac.uk/tbmap/images/5/5c/TBMAP_Definitionreport_v3_final.pdf.

[5] De Troyer, O M F, Leune Corneli J. WSDM: a user centered design method for web sites [J]. Computer Networks and ISDN Systems, 1998, 30 (1): 85-94.

[6] Eadie Mick. Towards an application profile for images [J]. Ariadne, 2008: 55.

[7] Carrier Sarah. The Dryad repository application profile: Process, development, and refinement [EB/OL]. [2015-03-06]. http://wiki.datadryad.org/images/7/7d/Sarahcarrier.pdf.

[8] Scholarly Works Application Profile [EB/OL]. [2015-03-06]. http://www.ukoln.ac.uk/repositories/digirep/index/Scholarly_Works_Application_Profile.

[9] ePrints Soton [EB/OL]. [2015-03-06]. http://eprints.soton.ac.uk/.

[10] Edinburgh Research Archive [EB/OL]. [2015-03-16]. https://www.era.lib.ed.ac.uk/.

[11] QUT ePrints. Queensland QUT [EB/OL]. [2015-03-16]. http://eprints.qut.edu.au/.

[12] Science & Technology Facilities Council. ePubs [EB/OL]. [2015-03-16]. https://epubs.stfc.ac.uk/index.

[13] Powell Andy, Day Michael, Cliff Peter. Using simple Dublin Core to describe eprints [EB/OL]. [2015-03-16]. http://eprints-uk.rdn.ac.uk/project/docs/simpledc-guidelines/.

[14] Dspace metadata [EB/OL]. [2015-04-06]. https://wiki.duraspace.org/display/DSDOC6x/Metadata+and+Bitstream+Format+Registries.

[15] ARROW application profile [EB/OL]. [2015 - 04 - 06]. http://www.arrow.edu.au/docs/files.php/harvesting.pdf.

[16] SVEP project Metadata model [EB/OL]. [2015 - 04 - 06]. http://publications.uu.se/epcentre/conferences/etd2004/ETD_2004_muller_final.pdf.

[17] 张建勇. 文献数据库数据加工规范 [M]. 北京：知识产权出版社，2009.

[18] IFLA. Functional Requirements for Bibliographic Records [EB/OL]. [2015 - 04 - 06]. http://www.ifla.org/VII/s13/frbr/index.htm.

[19] 赵亮，楼向英，张春景，刘炜. 元数据应用：语义、结构与句法 [J]. 图书馆杂志，2004 (7)：49 - 55.

[20] ISO 11179 [EB/OL]. [2015 - 03 - 14]. http://metadata-standards.org/11179/.

[21] Dublin Core Metadata Element Set, Version 1.1: Reference Description [EB/OL]. [2015 - 03 - 04]. http://dublincore.org/documents/1999/07/02/dces/.

[22] DCMI Metadata Terms [EB/OL]. [2015 - 03 - 24]. http://dublincore.org/documents/dcmi-terms/.

[23] Encoding Guidelines [EB/OL]. [2015 - 03 - 24]. http://dublincore.org/resources/expressions/.

附录1 推荐的编码体系标准

1. 国家编码标准

名称：GB/T 2659—2000，世界各国和地区名称代码

2. 语种编码标准

名称：GB/T 4880.1—2005，语种名称代码第1部分：2字母代码（ISO 639-1）

参见：http://www.mathguide.de/info/tools/languagecode.html

3. 日期编码标准

名称：GB/T 7408—2005 数据元和交换格式 信息交换 日期和时间表示法（ISO 8601）

4. 词表编码标准

名称：中国图书馆分类法（CLC）

参见：http://www.ztflh.com/

名称：中国科学院图书馆图书分类法（LASC）

名称：杜威十进制图书分类法（DDC）

参见：http://www.oclc.org/dewey/

名称：美国公立图书馆分类法（LCC）

参见：http://lcweb.loc.gov/catdir/cpso/lcco/lcco.html

名称：美国国会图书馆标题表（LCSH）

参见：http://id.loc.gov/authorities/subjects.html

名称：国际十进分类法（UDC）

参见：http：//www. udcc. org/

名称：美国医学主题词表（MESH）

参见：http：//www. nlm. nih. gov/mesh/meshhome. html

名称：汉语主题词表

附录2　形式化描述语言

XML（Extensible Markup Language）语言包含了一组定义语义标记的规则，可以定义特定领域内标记语言的语法结构。

1. 形式化描述

元数据形式化描述包括两个方面的内容：一方面是有关元数据规范的定义与描述，另一方面是有关元数据记录的描述。从系统应用的角度，前者为数据词典或数据库结构，而后者则为数据记录。

DTD 和 XML Schema 是常用的标记扩展语法，RDF 是专用元数据描述语法，以上语法利用 XML 的标记可扩展性来标记和定义合法的 XML 文档构建模块。

（1）DTD

一个 XML 文档只能对应一个 DTD，其由元素定义、属性定义、实体定义、注释定义组成。例如，一个简单的含有 DTD 的 XML 文档定义如下：

```
<?xml version="1.0"?>
<!DOCTYPE paper [
    <!ELEMENT paper (title, author, org, date) >
    <!ELEMENT title     (#PCDATA) >
    <!ELEMENT author    (#PCDATA) >
    <!ELEMENT org       (#PCDATA) >
    <!ELEMENT date      (#PCDATA) >
]>
<paper>
    <title>Expressing Dublin Core Description Sets using XML</title>
    <author>Pete Johnston</author>
    <author>Andy Powell</author>
    <org>Eduserv Foundation, UK</org>
    <date>2008-09-01</date>
</paper>
```

通过上述例子发现 DTD 可以简单地描述元数据，但 DTD 提出较早，在使用过程中发现其很多不足，主要是较难理解和书写，其采用的 EBNF 语法需另外了解；不支持命名域（Namespaces），如需对已有 DTD 进行扩展，那么只能重写源文件。

（2）RDF

介于 DTD 的缺点日趋严重，W3C 提出了替代 DTD 的方案，如 RDF 和 XML Schema。RDF 主要解决 XML 描述元数据资源对象时的二义性问题。RDF 不仅可以定义对象，还可以加入属性来描述和定义对象及声明资源间关系等。RDF 基本对象包括：资源、属性和声明。例如，一个简单的 RDF 定义如下：

```
<?xml version = "1. 0"? >
<rdf: RDF
xmlns: rdf = "http: //www. w3. org/1999/02/22-rdf-syntax-ns#"
xmlns: cd = "http: //www. recshop. fake/cd#" >
<rdf: Description
  rdf: about = "http: //www. recshop. fake/cd/Empire Burlesque" >
      < cd: artist > Bob Dylan </cd: artist >
      < cd: country > USA </cd: country >
      < cd: company > Columbia </cd: company >
      < cd: price > 10. 90 </cd: price >
      < cd: year > 1985 </cd: year >
</rdf: Description >
</rdf: RDF >
```

通过上述例子发现 RDF 具有以下特点：由于 RDF 使用三元组（资源 - 属性 - 值），使得描述易于控制；在元数据模型中可嵌入其他类型元数据。但是 RDF 在日常应用中使用较为复杂，元数据设计者不仅需要定义对象和属性，而且还需要定义复杂的声明。

（3）XML Schema

XML Schema 是基于 XML 的 DTD 替代者，可描述 XML 文档的结构，也可作为 XSD（XML Schema Definition）来引用。一个 Schema 可定义内容包括：文档中的元素，文档中的属性，哪个元素是子元素，子元素的次序，子元素的数目，元素是否为空，或者是否可包含文本，元素和属性的数据类型，以及元素和属性的默认值及固定值。一个简单的 XML Schema 定义的 XSD 文件如下：

```
<?xml version = "1. 0"? >
<xs: schema xmlns: xs = "http: //www. w3. org/2001/XMLSchema"
targetNamespace = "http: //spec. nstl. gov. cn"
```

```
xmlns = "http: //spec. nstl. gov. cn"
elementFormDefault = "qualified" >
 < xs: element name = "paper" >
      < xs: complexType >
         < xs: sequence >
               < xs: element name = "title" type = "xs: string"/ >
               < xs: element name = "author" type = "xs: string"/ >
               < xs: element name = "org" type = "xs: string"/ >
               < xs: element name = "date" type = "xs: string"/ >
         < /xs: sequence >
      < /xs: complexType >
 < /xs: element >
 < /xs: schema >
```

通过上述例子发现 XML Schema 自身为 XML 文件，但 Schema 文件描述的是引用它的 XML 文件中的元素和属性的具体类型。XML Schema 拥有以下特点：借助 XML 语言的特性和语法规则来定义 XML 文档结构；引入数据类型，通过对数据类型的支持可更容易地描述允许的文档内容，验证数据的正确性，定义数据约束（data facets）和数据模型（或称数据格式）在不同的数据类型间转换数据；引入命名域，通过命名域的方式注明元数据来源，元数据格式在经过这样的描述和封装后，可以方便地被计算机系统读取；可利用 Schema 文件验证 XML 文件合法性，同时约束 XML 使用的规范性。

2. XML Schema 书写语法

从模式的描述语言来说，XML Schema 属于语法模式，与概念模式不同，语法模式在对同一事物描述时，可以采用不同的语法，例如，在对关系模式描述时，既可以用元素也可以用属性来描述关系模式的列。XML Schema 事实上也是 XML 的一种应用，所以它理所当然地继承了 XML 的自描述性和可扩展性，这也使得 XML Schema 更具有可读性和灵活性。下文将通过对 XSD 实例文件进行分析来说明 XML Schema 书写语法。

（1）数据类型

XML Schema 提供了数据类型，并且支持自定义数据类型，但这一切都是建立在内置数据类型和一套扩展内置数据类型的规则基础之上的。数据类型如附图 2 -1 所示。

从 XSD 数据类型图可以看出，主要分成两个大类。

简单类型：可以给属性使用，也可以给元素使用，除了内建类型，也可以使用 < simpleType > 自定义简单类型，而自定义的方式有 3 种：限制 < restriction >、列表 < list >、联合 < union >。

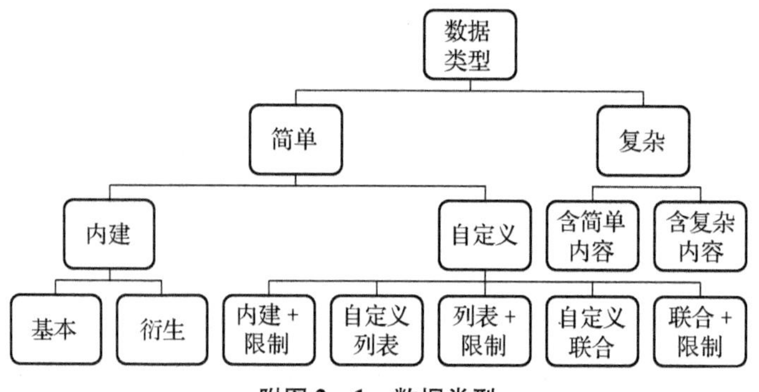

附图 2－1 数据类型

1）内建类型

首先引入一张 W3C 标准 XML Schema 官方文档中的内建类型关系如附图 2－2 所示。

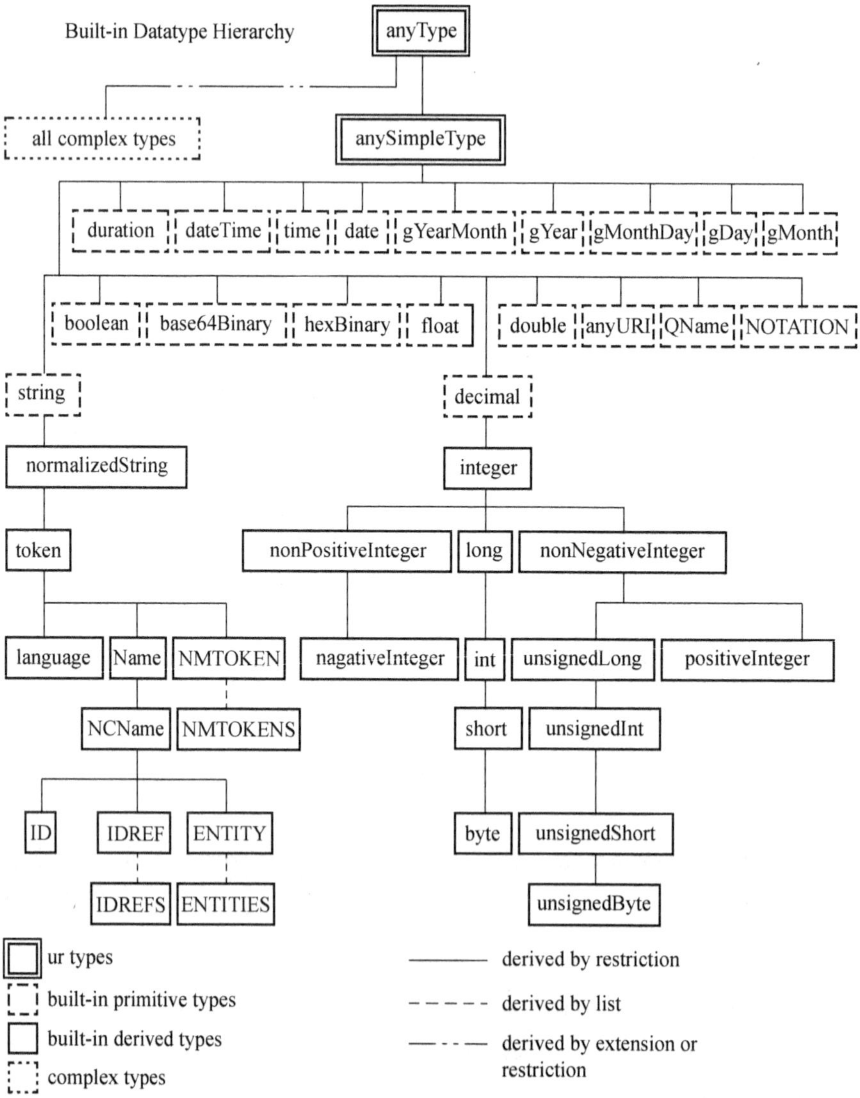

附图 2－2 内建类型关系

①字符串

字符串数据类型可包含字符、换行、回车及制表符。声明例子如下所示：

```
<xs: element name = "author_name" type = "xs: string"/ >
< author_name > Steve P. Jobs </author_name >
```

规格化字符串数据类型源自字符串数据类型，可包含字符，但是 XML 处理器会移除回车及制表符。声明例子如下所示：

```
<xs: element name = "author_name" type = "xs: normalizedString"/ >
< author_name > Steve P. Jobs </author_name >
```

token 数据类型同样源自字符串数据类型，可包含字符，但是 XML 处理器会移除换行符、回车、制表符、开头和结尾的空格及连续的空格。声明例子如下所示：

```
<xs: element name = "author_name" type = "xs: token"/ >
< author_name > Steve P. Jobs </author_name >
```

字符串类型衍生表如附表 2－1 所示。

附表 2－1　字符串类型衍生表

名称	描述
ENTITIES	一个或多个外部实体，多个时使用空格分隔，只能用于属性，不能用于元素
ENTITY	合法的 XML 标签名，且只能由字母、数字、下划线、中划线、点号、冒号组成
ID	在 XML 中提交 ID 属性的字符串（仅与 schema 属性一同使用）
IDREF	在 XML 中提交 IDREF 属性的字符串（仅与 schema 属性一同使用）
IDREFS language	包含合法的语言 id 的字符串
Name	包含合法 XML 名称的字符串
NCName	不带命名空间的合法的 XML 标签名，即不能含冒号
NMTOKEN	在 XML 中提交 NMTOKEN 属性的字符串（仅与 schema 属性一同使用）
NMTOKENS	一个或多个 NMTOKEN，多个时使用空格分隔，只能用于属性，不能用于元素
normalizedString	不包含换行符、回车或制表符的字符串
QName	带命名空间前缀的 XML 标签名，允许省略命名空间，但省略时不能以冒号开头，并且使用命名空间时不能以冒号结尾
string	字符串
token	不包含换行符、回车或制表符、开头或结尾空格或者多个连续空格的字符串

②数值

十进制数据类型用于规定一个数值，规定的十进制数字的最大位数是 18 位。声明例子如下所示：

```
<xs: element name = "prize" type = "xs: decimal"/ >
<prize >4999 </prize >
```

整数数据类型用于规定无小数成分的数值。声明例子如下所示：

```
<xs: element name = "count" type = "xs: integer"/ >
<count >10 </count >
```

float 和 double 类型可以接受的特殊值：-INF（负无穷大）、INF（正无穷大）、NaN（非数）、+0（正零）和 -0（负零）。其中，正零大于负零，NaN 大于所有数值（包括 INF），INF 大于所有浮点数。

数值类型衍生表如附表 2-2 所示。

附表 2-2 数值类型衍生表

名称	描述
byte	有正负的 8 位整数
decimal	十进制数
int	有正负的 32 位整数
integer	整数值
long	有正负的 64 位整数
negativeInteger	仅包含负值的整数（…，-2，-1）
nonNegativeInteger	仅包含非负值的整数（0，1，2，…）
nonPositiveInteger	仅包含非正值的整数（…，-2，-1，0）
positiveInteger	仅包含正值的整数（1，2，…）
short	有正负的 16 位整数
unsignedLong	无正负的 64 位整数
unsignedInt	无正负的 32 位整数
unsignedShort	无正负的 16 位整数
unsignedByte	无正负的 8 位整数

③布尔

布尔类型可以接受 true、false、1（表示 true）、0（表示 false）4 个值。声明例子如下所示：

```
<xs: attribute name = "disabled" type = "xs: boolean"/ >
<fulltext disabled = "true" >999 </fulltext >
```

④日期和时间

日期数据类型用于定义日期。日期使用如下格式进行定义："YYYY-MM-DD"，其中，YYYY 表示年份，MM 表示月份，DD 表示天，且此 3 项为必备。声明例子如下所示：

```
<xs: element name = "check_time" type = "xs: date"/ >
<check_time >2014-06-23 </check_time >
```

时间数据类型用于定义时间。时间使用如下格式来定义："hh: mm: ss"，其中，hh 表示小时，mm 表示分钟，ss 表示秒，且此 3 项为必备。声明例子如下所示：

```
<xs: element name = "check_time" type = "xs: time"/ >
<check_time >10: 00: 00 </check_time >
```

日期时间数据类型用于定义日期和时间。日期时间使用如下格式进行定义："YYYY-MM-DDThh: mm: ss"，其中，YYYY 表示年份，MM 表示月份，DD 表示天，T 表示时间部分开始，hh 表示小时，mm 表示分钟，ss 表示秒，且以上均为必备。声明例子如下所示：

```
<xs: element name = "create_time" type = "xs: dateTime"/ >
<create_time >2014-06-23T10: 00: 00 </create_time >
```

日期和时间数据类型衍生表如附表 2 - 3 所示。

附表 2 - 3　日期和时间数据类型衍生表

名称	描述
date	定义一个日期值
dateTime	定义一个日期和时间值
duration	定义一个时间间隔
gDay	定义日期的一个部分——天（DD）
gMonth	定义日期的一个部分——月（MM）
gMonthDay	定义日期的一个部分——月和天（MM-DD）
gYear	定义日期的一个部分——年（YYYY）
gYearMonth	定义日期的一个部分——年和月（YYYY-MM）
time	定义一个时间值

⑤二进制数据

定义两种二进制数据类型，声明例子如下所示：

```
<xs: element name = "reference_info" type = "xs: hexBinary"/ >
```

a. hexBinary：以十六进制保存的二进制数据，因此只能由 0 ~9、a ~f、A ~F 等字符组成，字符长度必须是偶数。

b. base64Binary：以 Base64 编码保存的任意二进制数据，因此只能由 0 ~9、a ~f、A ~F 和加号 " + " 等字符组成，字符长度必须是 4 的倍数。

⑥anyURI

anyURI 数据类型用于规定 URI。声明例子如下所示：

```
<xs: attribute name = "src" type = "xs: anyURI"/ >
<pic src = "http: //www. w3school. com. cn/images/smiley. gif" / >
```

2）自定义简单类型

XML Schema 自定义新的简单类型，只能从简单类型派生。对于简单类型只有限制派生没有扩展派生，通过简单派生得到的新的简单类型是其原来类型的子集。XML Schema 推荐了标准的 12 个面（facet）来限制约束。要定义简单类型，使用 simpleType 元素，要对简单类型进行限制，使用 restriction 元素。

约束类型的 12 个面如附表 2 –4 所示。

附表 2 –4　约束类型的 12 个面

类别	面
范围	minInclusive、maxInclusive、minExclusive、maxExclusive
长度	length、minLength、maxLength
精度	totalDigits、fractionDigits
枚举	enumeration
模式匹配	pattern
空白处理	whiteSpace

在实际应用中，往往需要把某个值限定在一定的范围内，如页码在 25 ~75 等。minInclusive（最小包含，相当于 > = ）、maxInclusive（最大包含，相当于 < = ）、minExclusive（最小不包含，相当于 > ）、maxExclusive（最大不包含，相当于 < ）。这 4 个范围只能适用于整数、日期、时间类型。声明例子如下所示：

```
<?xml version = "1. 0" encoding = "UTF-8"? >
<xs: schema xmlns: xs = "http: //www. w3. org/2001/XMLSchema" >
    <xs: element name = "total_page_number" type = "nstl: pagerestriction "/ >
```

```
        <xs: simpleType name = " pagerestriction " >
            <xs: restriction base = "xs: integer" >
              <xs: minInclusive value = "1"/ >
              <xs: maxInclusive value = "500"/ >
            </xs: restriction >
        </xs: simpleType >
    </xs: schema >
```

限制值的长度，如需要限制题名的长度为 1000。length：内容长度。minLength：最小长度。maxLength：最大长度。主要使用的类型为字符型、QName 型、anyURI 型。不可以适用于日期、时间、数字和 boolean。声明例子如下所示：

```
    < ?xml version = "1. 0" encoding = "UTF-8"? >
    <xs: schema xmlns: xs = "http: //www. w3. org/2001/XMLSchema" >
        <xs: element name = "title" >
            <xs: simpleType >
                <xs: restriction base = "xs: string" >
                    <xs: maxLength value = "1000"/ >
                </xs: restriction >
            </xs: simpleType >
        </xs: element >
    </xs: schema >
```

需要限定某个数的数字位数，如支票上最大的单位是亿，最小的单位是分。totalDigits：总数字。fractionDigits：分数数字。声明例子如下所示：

```
    < ?xml version = "1. 0" encoding = "UTF-8"? >
    <xs: schema xmlns: xs = "http: //www. w3. org/2001/XMLSchema" >
        <xs: element name = "check" type = "checkType"/ >
        <xs: simpleType name = "CheckType" >
            <xs: restriction base = "xs: decimal" >
                <xs: totalDigits value = "11"/ >
                <xs: fractionDigits value = "2"/ >
            </xs: restriction >
        </xs: simpleType >
    </xs: schema >
```

将某个值限定在一组可选的值之中，如性别、国家要枚举选择。enumeration：枚举。enumeration 面可以在除 boolean 以后的其他类型中使用。声明例子如下所示：

```
<?xml version = "1.0" encoding = "UTF-8"? >
<xs: schema xmlns: xs = "http: //www. w3. org/2001/XMLSchema" >
    <xs: element name = "processing_unit" type = "unit_code"/ >
    <xs: simpleType name = "unit_code" >
        <xs: restriction base = "xs: string" >
            <xs: enumeration value = "CN111001"/ >
            <xs: enumeration value = "CN111013"/ >
            <xs: enumeration value = "CN111015"/ >
            <xs: enumeration value = "CN111016"/ >
            <xs: enumeration value = "CN111023"/ >
            <xs: enumeration value = "CN111024"/ >
            <xs: enumeration value = "CN311001"/ >
            <xs: enumeration value = "CN111025"/ >
            <xs: enumeration value = "CN111031"/ >
            <xs: enumeration value = "NSTL"/ >
        </xs: restriction >
    </xs: simpleType >
</xs: schema >
```

有时需要复杂的格式约束，如需要对邮件地址的格式进行检查。可以使用 pattern 面进行正则表达式的限制。声明例子如下所示：

```
<?xml version = "1.0" encoding = "UTF-8"? >
<xs: schema xmlns: xs = "http: //www. w3. org/2001/XMLSchema" >
    <xs: element name = "zipCode" >
        <xs: simpleType >
            <xs: restriction base = "xs: token" >
                <xs: pattern vlues = "\d{6}"/ >
            </xs: restriction >
        </xs: simpleType >
    </xs: element >
</xs: schema >
```

复杂类型：只能给元素使用，并且全部需要使用 <complexType> 来自定义，根据内容又可进一步区分为含简单内容的复杂类型和含复杂内容的复杂类型，分别使用 < simpleContent > 和 < complexContent > 定义其内容。另外，复杂类型还可以使用限制 < restriction > 和扩展 < extension > 来派生新的类型。

一个元素如有属性或者包含子元素，那么这个元素就是复杂类型。复杂类型使用 < complexType > 定义。复杂类型要么具有简单内容，要么具有复杂内容。内容是指在开始标签和结束标签之间的字符数据和子元素。简单内容是指内容只具有字符数据没有子元素，用 < simpleContent > 元素来定义。除此以外的就是复杂内容，使用 < complexContent > 来定义。

attribute 元素拥有 use、default、fixed 属性。use 属性规定元素是否需要出现，其有效值为：optional（可选，默认值）、prohibited（禁止使用）、required（必需的）。对全局声明的属性不能使用 use 属性。声明例子如下所示：

```
< xs: complexType name = "identifier" mixed = "true" >
        < xs: annotation >
            < xs: documentation source = "Description" > 唯一标识符
< /xs: documentation >
        < /xs: annotation >
        < xs: attribute name = "type" use = "required" >
            < xs: annotation >
                < xs: documentation source = "Description" > 唯一标识符类型
< /xs: documentation >
            < /xs: annotation >
        < xs: attribute name = "value" type = "nstl: lstring" use = "required" >
            < xs: annotation >
                < xs: documentation source = "Description" > 唯一标识符值
< /xs: documentation >
            < /xs: annotation >
        < /xs: attribute >
< /xs: complexType >
```

default 属性指示默认值。属性默认值是在属性本身为 optional 时才有意义。如果没有指定该属性的值，那么该值为默认值。如果指定了，则是指定值。声明例子如下所示：

```
< ?xml version = "1. 0" encoding = "UTF-8"? >
< xs: schema xmlns: xs = "http: //www. w3. org/2001/XMLSchema" >
```

```
        <xs: element name = "fulltext" >
            <xs: complexType >
                <xs: simpleContent >
                    <xs: extension base = "xs: string" >
                        <xs: attribute name = "Format" default = "PDF"/ >
                    </xs: extension >
                </xs: simpleContent >
            </xs: complexType >
        </xs: element >
    </xs: schema >
```

fixed 属性指示固定值。不管该属性出现不出现，该属性的值都是指定值。声明例子如下所示：

```
    < ?xml version = "1. 0" encoding = "UTF-8"? >
    <xs: schema xmlns: xs = "http: //www. w3. org/2001/XMLSchema" >
        <xs: element name = "fulltext" >
            <xs: complexType >
                <xs: simpleContent >
                    <xs: extension base = "xs: string" >
                        <xs: attribute name = "Format" fixed = "PDF"/ >
                    </xs: extension >
                </xs: simpleContent >
            </xs: complexType >
        </xs: element >
    </xs: schema >
```

如果一个元素的内容是纯元素内容，那么可以用组来构建纯元素的内容。组有 3 种，分别是：sequence、choice、all。

sequence 表示序列，所以组中的所有子元素要按指定顺序出现。如果一个具有复杂内容的复杂类型定义是 anyType 类型限制派生，那么可以省略 complexContent 和 restriction 元素，而直接在 complexType 元素下使用组。声明例子如下所示：

```
    <xs: schema xmlns: xs = "http: //www. w3. org/2001/XMLSchema"
   xmlns: nstl = "http: //nstl. authority. gov. cn/auth/namespace"
```

```
    targetNamespace = "http://nstl. authority. gov. cn/auth/namespace"
    elementForm = "qualified" >
        < xs: element name = "journals" >
            < xs: complexType >
                < xs: sequence maxOccurs = "unbounded" >
                    < xs: element ref = "nstl: journal"/ >
                </ xs: sequence >
            </ xs: complexType >
        </ xs: element >
        < xs: element name = "journal" >
            < xs: complexType >
                < xs: sequence >
                    < xs: element name = "title" type = "nstl: title" >
                        < xs: annotation >
                            < xs: documentation > 期刊名称 </ xs: documentation >
                        </ xs: annotation >
                    </ xs: element >
                    < xs: element name = "alt_title" type = "nstl: alt_title" minOccurs
 = "0" maxOccurs = "unbounded" >
    …
```

choice 表示选择，即从所有子元素中选择任意一个，且只能使用一个。声明例子如下所示：

```
    < ?xml version = "1. 0" encoding = "UTF-8"? >
    < xs: schema xmlns: xs = "http: //www. w3. org/2001/XMLSchema" >
        < xs: element name = "journal" >
            < xs: complexType >
                < xs: choice >
                    < xs: element name = "issn" >
                        < xs: simpleType >
                            < xs: restriction base = "xs: token" >
                                < xs: pattern value = "\d{4} -\d{4} "/ >
                            </ xs: restriction >
                        </ xs: simpleType >
```

```
                <\/xs: element >
                <xs: element name = "isbn" >
                    <xs: simpleType >
                        <xs: restriction base = "xs: token" >
                            <xs: pattern value = "\d{10}"/ >
                        </xs: restriction >
                    </xs: simpleType >
                </xs: element >
            </xs: choice >
        </xs: complexType >
    </xs: element >
</xs: schema >
```

all 表示任意次序，其中的子元素可以任意顺序出现，但只能出现一次。声明例子如下所示：

```
<?xml version = "1.0" encoding = "UTF-8"? >
<xs: schema xmlns: xs = "http://www.w3.org/2001/XMLSchema" >
    <xs: element name = "journal" type = "journalType"/ >
    <xs: complexType name = "journalType" >
        <xs: all >
            <xs: element name = "journal_name" type = "xs: string"/ >
            <xs: element name = "publisher" type = "xs: string"/ >
        </xs: all >
    </xs: complexType >
</xs: schema >
```

指示符用来控制元素出现的次数，指示符包括 minOccurs 和 maxOccurs，这两个属性可以在组上使用。minOccurs 属性指定元素出现的最小次数，maxOccurs 属性指定元素出现的最大次数，这两个属性的默认值都是 1。unbounded 表示不限次数。声明例子如下所示：

```
<?xml version = "1.0" encoding = "UTF-8"? >
<xs: schema xmlns: xs = "http://www.w3.org/2001/XMLSchema"
xmlns: nstl = "http://spec.nstl.gov.cn/specification/namespace"
```

```
targetNamespace = "http: //spec. nstl. gov. cn/specification/namespace"
elementFormDefault = "qualified" >
    < xs: element name = "papers" >
        < xs: complexType >
            < xs: sequence maxOccurs = "unbounded" >
                < xs: element ref = "nstl: paper"/ >
            < /xs: sequence >
        < /xs: complexType >
    < /xs: element >
    < xs: element name = "paper" >
        < xs: complexType >
            < xs: sequence >
                < xs: element name = "extend_ids" type = "nstl: extend_ids" minOc-
curs = "0" >
                    < xs: annotation >
                        < xs: documentation >外部篇级 ids < /xs: documentation >
                    < /xs: annotation >
                < /xs: element >
                < xs: element name = "paper_id" type = "nstl: id" >
                    < xs: annotation >
                        < xs: documentation >论文记录号 < /xs: documentation >
                    < /xs: annotation >
                < /xs: element >
                < xs: element name = "title" type = "nstl: title" >
                    < xs: annotation >
                        < xs: documentation >正文语种题名 < /xs: documentation >
                    < /xs: annotation >
                < /xs: element >
                < xs: element name = "alternative" type = "nstl: title" minOccurs = "0"
maxOccurs = "unbounded" >
                    < xs: annotation >
                        < xs: documentation >其他语种题名 < /xs: documentation >
                    < /xs: annotation >
                < /xs: element >
    …
```

（2）命名空间

1）常用命名空间

XML Schema 引用了 3 个最常用的命名空间，如下所示：

```
xmlns = "http: //www. w3c. org/2001/XMLSchema"
xmlns: xsd = " http: //www. w3c. org/2001/XMLSchema-datatypes" ( xsd, XML Schema DataTypes)
xmlns: xsi = " http: //www. w3c. org/2001/XMLSchema-instances" ( xsi, XML Schema Instances)
```

第一个属性是 XML 命名空间，第二和第三个属性用 XML 命名空间来标识 W3C 中的两个 XML schema 规范。第二个 xmlns 属性定义了标准的 XML schema 属性类型，如 string、float、integer 等。第三个 xmlns 属性包含基本的 XML schema 元素，如 element、attribute、complexType、group、simpleType 等。

2）默认命名空间

每一个 Schema 可以有且只有一个默认命名空间，如下所示：

```
xmlns = "http: //www. w3. org/2001/XMLSchema"
```

在文档中如果所有的元素名称前面没有前缀，就是由默认命名空间进行定义和解析的。使用默认命名空间，可以不加命名空间前缀。

3）源命名空间

在 Schema 中的定义和声明也可以引用其他的命名空间，可以把这种命名空间取名为源命名空间（source namespaces）。每一个 Schema 可以有多个源命名空间。

4）目标命名空间

每一个 Schema 可以有且只有一个目标命名空间。XML Schema 定义文档（XSD）中定义的一系列元素名称、类型名称、属性名称和属性组名称等的有效作用范围就是在它们的目标名字空间（target namespace）中。实际上，在一个给定的 Schema 中，每一个名称都属于一个特定的名字空间。一个 XML Schema 声明如下所示：

```
<?xml version = "1. 0" encoding = "UTF-8"? >
<xs: schema xmlns: xs = "http: //www. w3. org/2001/XMLSchema"
xmlns = "http: //scientific. thomsonreuters. com/schema/wok5. 4/public/FullRecord"
targetNamespace = " http: //scientific. thomsonreuters. com/schema/wok5. 4/public/FullRecord" elementFormDefault = "qualified" >
...
```

5）命名空间在 XML 文档中的引用

在 XML 文档中，命名空间的使用涉及范畴的概念，范畴即命名空间的覆盖范围，它指的是哪些元素和属性在该命名空间中，哪些不在该命名空间中。命名空间既可以限定整个 XML 文档，也可以只针对 XML 文档中的一部分。一个 XML Schema 声明如下所示：

```
<?xml version = "1.0" encoding = "UTF-8"? >
<xs: schema xmlns: xs = "http://www.w3.org/2001/XMLSchema"
xmlns = "http://scientific.thomsonreuters.com/schema/wok5.4/public/FullRecord"
targetNamespace = " http://scientific.thomsonreuters.com/schema/wok5.4/public/FullRecord" elementFormDefault = "qualified" >
<xs: import namespace = "http://www.w3.org/XML/1998/namespace"/ >
<xs: include schemaLocation = "summary.rawxml.public.xsd"/ >
…
```

通过例子可以看出，对于标准命名空间和目标命名空间，不需要指定它的 SchemaLocation。因为对于目标命名空间来讲，SchemaLocation 就是文档本身。对于标准命名空间来讲，它是众所周知的，也不需要指定。而对于源目标空间来讲，就需要指定它的 SchemaLocation。elementFormDefault 有效值是 qualified 和 unqualified，如果该值是 qualified，XML 文档根元素及其下所有子元素都必须通过命名空间前缀限定目标命名空间，这个命名空间必须是 schema 中定义的 targetNamespace；如果该值是 unqualified，XML 文档根元素必须有命名空间的限定，这个命名空间必须是 schema 中定义的 targetNamespace。但是其下子元素无须也不允许用命名空间前缀限定目标命名空间，子元素的命名空间为空命名空间。

XML 文档和 XSD 文件没有直接关联，它们之间通过命名空间关联。一个 XML 文档引用 XML Schema 声明如下所示：

```
<?xml version = "1.0" encoding = "UTF-8"? >
<!--Copyright (c) 2013 Thomson Reuters Web of Knowledge-- >
<records
xmlns = "http://scientific.thomsonreuters.com/schema/wok5.4/public/FullRecord" >
…
```

第二部分　NSTL 统一文献元数据标准

1　导言

NSTL 面向全国用户提供全面的科技文献数据检索和原文传递服务。经过多年的发展，NSTL 已经形成了从科技信息采集、加工、发布到服务的数字化业务流程，各个子系统相互协同、相互依赖，共同为用户提供服务。而 NSTL 原有的元数据标准仅能满足印本时代数据库建设的需要，无法满足描述复合资源和数字资源的需要。建设 NSTL 统一文献元数据标准，支持多种数据的统一描述，形成一致的数据描述体系，对各个层面业务系统和服务系统的建设在数据层面进行规范，将为 NSTL 数据集成融合、数据分析和数据挖掘，以及不同应用服务系统间的互操作建立统一的数据基础。

本标准的编制遵循文献元数据设计指南（以下简称指南）的要求，基本流程包括：①功能需求分析；②领域模型构建；③设计元数据记录；④编制使用指南；⑤计算机描述语言做形式化描述。在编制过程中，分析了 NSTL 系统建设和服务的功能需求，构建了满足需求功能的领域模型，确定了 13 个元素集，包括来源、单篇文献、主题/分类/关键词、贡献者/机构、会议、基金、操作信息、获取管理、全文文件、图、表、附加资料和参考文献元素集。不计重复元素和属性，本标准共包含 97 个描述性元素、53 个辅助性元素、49 个属性及 4 个特殊字符元素。本标准编制了指导描述性元素内容选取和著录需要的使用指南，最后采用 XML 语言和 DTD 分别对标准进行了形式化描述，支持在线的数据验证和解析。元数据记录由元素和属性共同构成，通过元素和属性的灵活组合来描述多样化、多层次的资源。部分元素复用了 ANSI/NISO Z39. 96—2015、期刊文档标签集（JATS 1. 1 版本）中的元素定义。

2　功能需求分析

2. 1　愿景

NSTL“十三五”发展战略明确了从文献保障为主向知识服务基础支撑保障转型的发展方向。统一文献元数据标准的设计要充分考虑 NSTL 未来 5 年或更长时间的发展需求，数据标准规范不仅要支持文献的发现需求，也要支持基于数据的分析评价和知识服务的需求。要为 NSTL 建成国际一流的科技文献信息发现系统，实现从信息服务向知识服务的转型，提供基础的数据标准规范，保证 NSTL 发展战略目标的实现。

统一文献元数据标准具体的目标是满足 NSTL 数字业务系统中各个系统应用的需要。涵盖所有 NSTL 购买、交换、赠予等方式获取的科技类信息资源，包括对期刊、会议录、科技丛书、科技专著、文集汇编、工具书、科技报告、期刊论文、会议论文、学位论文、开放课程、开放课件等文献的统一描述和组织，并具有扩展性，可描述更多的文献类型。可统一描述文献的印刷版本、数字版本，统一描述文献对象各个层次的信息，满足 NSTL 数字业务流程中文献数据采集、管理和服务的需求。

2.2　基本原则

2.2.1　模块化设计原则

模块化是现代元数据设计最重要的特征，根据实体关系方法分析抽象出资源对象的实体关系模型，对资源的描述就是对模型中不同实体进行描述，再组合而成。领域模型中具有共同特点的实体对象可复用描述不同层面的数据对象，例如，机构实体，实际上可以是研究者所在机构，也可以是出版机构、资助机构和学位授予机构，机构的元素构成是一致的，成为一个公用的实体模块在描述中使用。这也为数据管理规范打下了基础。

2.2.2　最小粒度原则

统一文献元数据标准确定的数据描述粒度尽可能细致到最小层面，按最小粒度设计元素或属性，以满足分析评价和知识服务的需要。例如，机构字段，可细分为一级机构名称、二级机构名称、所在国家、城市、地址等，这样描述为精确定位机构和统计分析机构的产出建立了基础。在统一文献元数据标准的设计中，最小粒度原则贯穿各个层面，尽可能细致地描述文献对象的各个层面信息，为数据的分析评价打下基础。

2.2.3　协同化原则

统一文献元数据标准的设计目的是满足 NSTL 数字业务系统中各个子系统应用的需要。各个子系统可以基于自己的管理需要描述文献对象的不同深度的内容，但需要遵循同样的数据标准，为后续数据的复用和深入加工建立良好的基础。例如，对一篇期刊论文的描述，数据格式应是统一的，编目系统的描述和数据加工系统的描述应协同一致。统一文献元数据标准在数据模型和数据描述上支持各个子系统协同管理的需要，各个子系统通过协同达到最大的数据管理效益。

2.2.4　与国际相关标准兼容原则

文献数据的管理已有较成熟的数据标准和规范，设计的文献元数据标准应与国际上主流的相关国际标准兼容，以便融入国际数据大环境。特别是充分借鉴 DCMI、主流文献服务公司的数据标准和 ANSI/NISO Z39.96 等，为下一步广泛利用外部数据建立良好的基础，同时在元数据的设计上不仅考虑揭示文献的基本信息，也考虑揭示全文层面的图表和公式等信息，还预留了全文描述字段内容，充分考虑服务的扩展和发展的需要。

2.3 需求分析

文献检索，包括：①按类型检索文献；②根据文献主题和内容检索文献；③根据文献特征和特定条件检索文献。

文献识别，包括：①根据文献特征识别；②识别文献作者及其所在机构；③通过全球通用的 DOI 识别文献；④通过本地通用的 LOCAL ID 识别文献；⑤识别全文的版本和载体形式。

全文获取，包括：①支持用户获取全文；②支持对各种载体和版本全文的获取，提供能够链接到全文的多种选择；③支持对开放获取全文文献的获取。

文献分析评价，包括：①支持引文关系的描述和计量名称识别；②支持人名、机构、资助者和项目的产出分析评价；③支持面向学科的文献分析评价。

获取管理，包括：①文献的印本馆藏信息和网络版本获取授权方式；②来自作者、出版社和其他各个方面的开放获取资源的授权信息。

数据管理，包括：①数据产生、更新、删除等时间责任人记录；②描述数据状态和数据层次；③支持数据审计。

2.4 用例分析

通过用例图分析与数据标准相关的人员和需求，如图 2－1 所示。

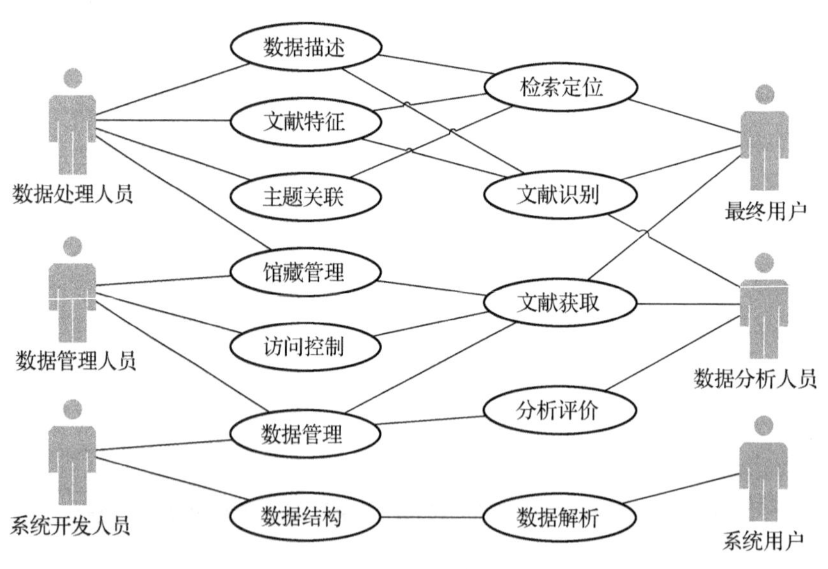

图 2－1 需求用例

各类人员的需求是不同的，最终用户和数据分析人员的需求是引领式的需求，确定了需求的方向。核心需求为检索文献、识别文献、获取文献，基于数据的分析评价需求、系统用户的需求为通过接口检索访问数据。数据处理人员、数据管理人员的需求源自用户的需求，并将用户的需求具体化到数据描述过程和管理过程中，系统开发人员则根据各方的需求设计合适的数据结构和数据访问方式。在用例中最终用户的需求驱动了数据描述和数据结构的细化。

3　规范性引用文件

本标准引用了下列文件以支持标准的应用。

GB/T 4880. 1—2005 语种名称代码第 1 部分：2 字母代码（ISO 639-1）

GB/T 2659—2000 世界各国和地区名称代码，2 字母代码（ISO 3166-1）

GB/T 12406—2008 表示货币和资金的代码，3 大写字母代码（ISO 4217）

GB/T 7408—2005 数据元和交换格式　信息交换　日期和时间表示法（ISO 8601）

GB/T 18391. 3—2009 信息技术元数据注册系统（MDR）第 3 部分：注册系统元模型与基本属性（ISO/IEC 11179-3）

GB/T 4894—2009 信息与文献术语

ISO 4 信息和文献　出版物题名和题名缩写的规则

REC-xml-19980210 W3C 推荐标准 - 可扩展标记语言 1. 0

4　术语和定义

下列术语和定义适用于本标准。

4. 1　文献 document

在文献工作过程中作为一个单元处理的记录信息或实物对象。本标准所指的文献涵盖 NSTL 所有的科技类资源，包括期刊、会议录、科技丛书、科技专著、文集汇编、工具书、科技报告、期刊论文、会议论文、学位论文、开放课程、开放课件等。

4. 2　期刊 journal

以定期或不定期方式连续出版，每期载有一定编号顺序论文的出版物。

4. 3　会议录 conference proceedings

将开展学术会议时收到的或经讨论有价值的论文进行编辑出版的出版物。专业会议录通常连续正式出版，还包含了与会者对论文的讨论记录。会议论文论文集正式出版和内部交流两种形式并存。

4. 4　科技丛书 scientific and technical series

在一个总题名下汇集多种单独著作成为一套，并以编号或不编号的形式出版的科技类图书。

4.5 科技专著 scientific and technical book

围绕某一学科领域或某一专题进行较为集中、系统、全面、深入论述的科技类著作。

4.6 文集汇编 collection book

文献的汇集。按一定的要求把某一作者、某一专题或某一知识部门的作品或文件资料选编汇集而成的出版物。

4.7 工具书 reference book

对给定主题的专门信息提供快速存取的文献。

4.8 科技报告 scientific and technical report

记录科学、技术研究成果或进展情况的文献，又称研究报告、科技总结报告或报告文献。

4.9 期刊论文 journal article

经过专家委员会或同行评议认可后发表在期刊上的论文。

4.10 会议论文 conference paper

在学术会议上宣读和交流的论文、报告或其他相关书面资料。

4.11 学位论文 thesis

申请人为证实其学位而提交的报道其研究与成果的文献。

4.12 开放课程 open course

教育机构、教师通过互联网以视频、报告等方式发布的可供他人免费使用或复制的学习或研究资源。

4.13 开放课件 open courseware

开放课程中的教学视频、教学课件及获取知识的软件工具等课程资料。

4.14 元数据 metadata

关于数据的数据。

4.15 单篇文献 article

能够阐述特定主题研究内容的一篇论文或报告。

4.16 来源 source

单篇文献载体或成册出版的出版物。

4.17 数据标识符 data identifier

能够识别文献数据对象（如来源、单篇文献、贡献者、机构、会议、基金、全文文件、图、表、附加资料、参考文献等）的标识符，不一定唯一。在本标准中，对来源、单篇文献来说，其标识符等同于其唯一标识符。

4.18 数据唯一标识符 data unique identifier

能够唯一识别文献数据对象（如来源、单篇文献、贡献者、机构、会议、基金、全文文件、图、表、附加资料、参考文献等）的标识符，包括 NSTL 赋予的数据唯一标识符、第三方来源机构或系统赋予的唯一标识符等。

4.19 元素集 element set

描述文献数据对象的元素集合。

4.20 元素 element

元数据的基本单元。

4.21 属性 attribute

描述和限定的元素相关信息且具有属性名和属性值。

5 领域模型构建

领域模型主要表现的是抽象的实体对象和实体对象之间的关系，通过对实体对象和实体对象之间关系的定义和描述来表达实际业务中具体的业务关系。领域模型通常是在功能需求分析的基础上进行建立的，同时需要考虑具体应用和元数据设计的互操作性。

5.1 确定实体对象，并对实体对象命名

根据 NSTL 业务的功能需求分析，通过实体分析技术，对期刊、会议录、科技丛书、科技专著、文集汇编、工具书、科技报告、期刊论文、会议论文、学位论文、开放课程、开放课件等各类资源进行研究和分析，可以归纳出与文献有关的 13 个元素集（即

实体对象)，包括来源元素集、单篇文献元素集、主题/分类/关键词元素集、贡献者/机构元素集、会议元素集、基金元素集、操作信息元素集、获取管理元素集、全文文件元素集、图元素集、表元素集、附加资料元素集和参考文献元素集。

其中，来源元素集描述期刊、会议录、科技丛书、科技专著、文集汇编、工具书等来源信息；贡献者/机构元素集描述贡献者和机构信息，贡献者可以是作者、编辑者和指导人员等，机构可以是作者所属机构、文献的出版机构、会议的举办机构和基金项目的资助机构；获取管理元素集描述获取方式和使用授权信息；操作信息元素集描述数据的更新、处理状态等。

领域模型抽象地表达重要的业务实体对象，并对每个实体对象进行唯一名称命名。NSTL 统一文献元数据中的实体对象名称和重要属性具体如表 2－1 所示。

表 2－1　NSTL 统一文献元数据中的实体对象

序号	中文名称	英文名称	重要属性
1	来源元素集	source	source-title、source-id、source-type 等
2	单篇文献元素集	article	article-title、article-id、article-type 等
3	主题/分类/关键词元素集	subj-class-kwd	subject、classification、kwd 等
4	贡献者/机构元素集	contrib	name、contrib-id 等
5	会议元素集	conference	conf-name、conf-id 等
6	基金元素集	funding	award-name、award-id 等
7	操作信息元素集	process	mode、state 等
8	获取管理元素集	access	database、holding 等
9	全文文件元素集	fulltext-file	mimetype、size 等
10	图元素集	fig	caption、object-id 等
11	表元素集	table	caption、object-id 等
12	附加资料元素集	supplementary-material	mimetype、object-id 等
13	参考文献元素集	ref-list	article-title、pub-id 等

5.2　确定实体对象之间的相互关系，定义实体对象之间的关联和约束

领域模型中各个对象之间采用动词短语来为关系命名。经过分析，NSTL 统一文献元数据的领域模型中，实体对象（元素集）之间的关系可以概括为 5 种。

(1) 组成关系

一个来源可以包含一篇或多篇单篇文献（hasArticle)。一篇单篇文献（或来源）可

以有一个或多个全文文件（hasFulltext），一篇单篇文献（或来源）可以有一个或多个图（hasFigure），一篇单篇文献（或来源）可以有一个或多个表（hasTable），一篇单篇文献（或来源）可以有一个或多个附加资料（hasSupplement），一篇单篇文献（或来源）可以有一篇或多篇参考文献（hasReference）。

（2）相关关系

一篇单篇文献（或来源）可以有一个或多个主题/分类/关键词（hasSubject），一篇单篇文献（或来源）可以有一个或多个贡献者（isCreatedBy/isEditedBy/isSupervisedBy），一篇单篇文献（或来源）可以由一个或多个机构出版（isPublishedBy），一篇单篇文献（或来源）可以发表在一个会议上（isPublishedAt），一篇单篇文献（或来源）可以由一个或多个基金资助（isFundedBy），一篇单篇文献（或来源）可以有一个或多个获取管理信息（isAvailableAs）和操作信息（hasOperation），一个贡献者可以属于一个或多个机构（AffiliatedInstitution），一个会议可以由一个或多个机构负责举办（isSponsoredBy），一个基金项目可以由一个机构资助（isFundedBy）。

（3）规范关系（hasAppellation）

来源、主题、贡献者/机构、会议、基金可分别对应一个规范记录。

（4）沿革关系（isRelatedTo）

来源与来源之间的关系，主要包括继承、部分继承、替代、部分替代、吸收、部分吸收等关系。

（5）引用关系

主要包括引用关系（isCitedBy）、归一关系（isSameAs）等。

5.3　领域模型图示

分析和确定 NSTL 统一文献元数据的实体对象和实体对象关系后，采用 UML 语言直观形象地描述 NSTL 统一文献元数据的领域模型，实现不同人员之间准确的沟通。NSTL 统一文献元数据的领域模型如图 2－2 所示。

5.4　NSTL 统一文献元数据领域模型的验证

要检验 NSTL 统一文献元数据领域模型的可行性，分析和整理 NSTL 各类型文献包含的元素集，并推演各类型元素集间的关系。归纳各类型文献资源的元素集构成如表 2－2 所示。

其中对期刊的描述包含有 5 个元素集，分别是来源元素集、贡献者/机构元素集、主题/分类/关键词元素集、获取管理元素集和操作信息元素集，它们之间的关系可以概括如下：一本期刊即是一个来源，可以有一个或多个贡献者/机构（出版项），可以有一个或多个主题/分类/关键词，可以有一个或多个获取管理信息，可以有一个或多个操作信息。

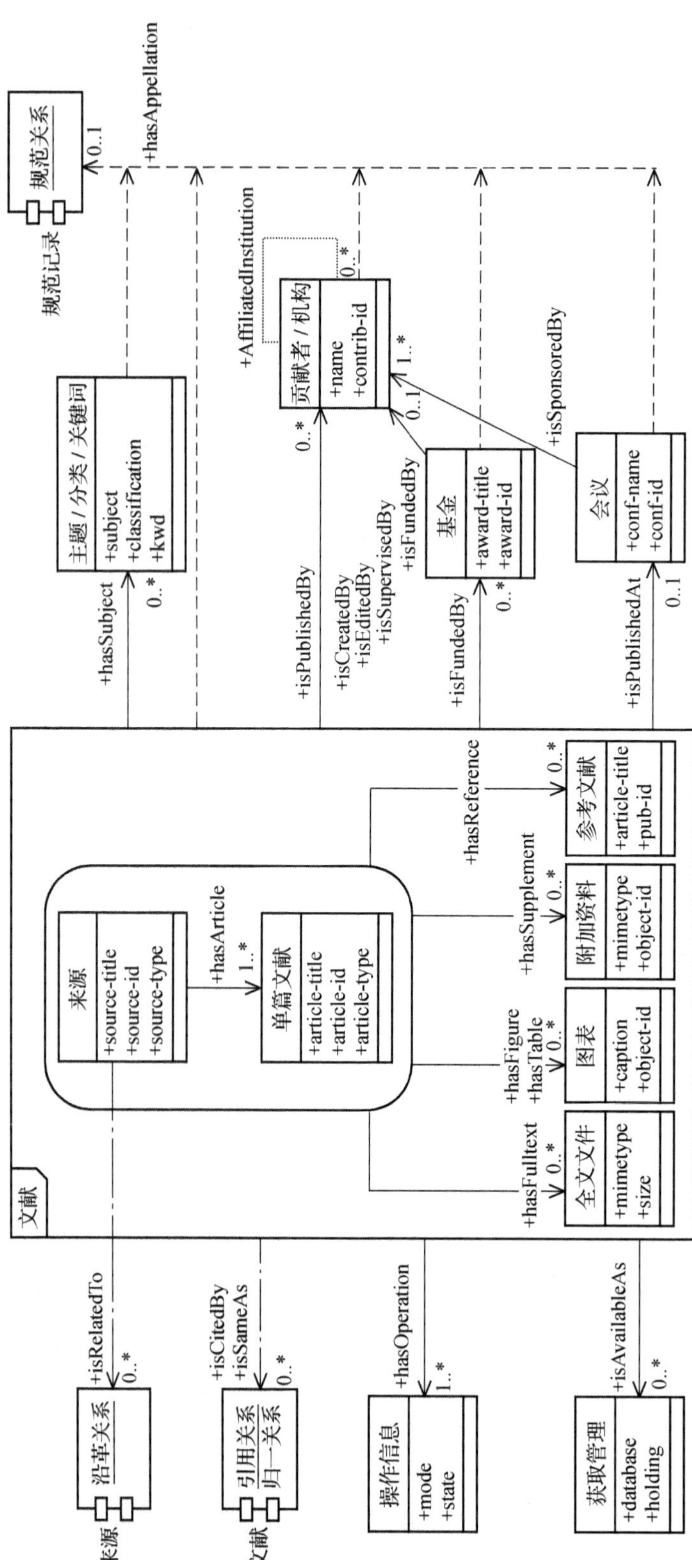

图 2－2 NSTL 统一文献元数据领域模型

表 2-2　NSTL 主要资源的元素集构成

资源类型	来源	单篇文献	全文文件	参考文献	图表	附加资料	主题/分类/关键词	贡献者/机构	会议	基金	获取管理	操作信息
期刊	√						√	√			√	√
会议录	√						√	√	√		√	√
科技丛书	√		√	√	√	√	√	√		√	√	√
科技专著	√		√	√	√	√	√	√		√	√	√
文集汇编	√		√	√	√	√	√	√	√	√	√	√
工具书	√		√	√	√	√	√	√		√	√	√
期刊论文	√	√	√	√	√	√	√	√	√	√	√	√
会议论文	√	√	√	√	√	√	√	√	√	√	√	√
学位论文		√	√	√	√	√	√	√			√	√
科技报告		√	√	√	√	√	√	√		√	√	√
文集汇编析出文献	√	√	√	√	√	√	√	√	√	√	√	√
科技丛书析出文献	√	√	√	√	√	√	√	√		√	√	√
科技专著析出文献	√	√	√	√	√	√	√	√		√	√	√
工具书析出文献	√	√	√	√	√	√	√	√		√	√	√
课程	√						√	√			√	√
课件	√	√	√			√	√	√			√	√

对期刊论文的描述包含有 13 个元素集，分别是来源元素集、单篇文献元素集、主题/分类/关键词元素集、贡献者/机构元素集、会议元素集、基金元素集、操作信息元素集、获取管理元素集、全文文件元素集、图元素集、表元素集、附加资料元素集和参考文献元素集，它们之间的关系可以概括如下：一篇期刊论文包含于一本期刊中；一篇期刊论文可以有一个或多个主题/分类/关键词；一篇期刊论文由一个或多个贡献者创作；一个贡献者属于一个或多个机构；一篇期刊论文可以发表在一个会议上；一篇期刊论文由一个或多个基金资助；一篇期刊论文可以有一个或多个全文文件；一篇期刊论文可以有一个或多个图；一篇期刊论文可以有一个或多个表；一篇期刊论文可以有一个或多个附加资料；一篇期刊论文可以有一篇或多篇参考文献；一篇期刊论文可以有一个或多个获取管理信息；一篇期刊论文可以有一个或多个操作信息。

贡献者/机构元素集、主题/分类/关键词元素集、获取管理元素集和操作信息元素集是较为通用的元素集，对于期刊论文、会议论文、文集汇编析出文献、科技丛书析出文献、科技专著析出文献、工具书析出文献、课件，由于其加工对象是单篇文献或课件，为说明单篇文献或课件所在位置还需要对来源做一些描述，因此它们还共同拥有来源元素集。各类资源对象所包含的元素集及它们之间的关系，可参考期刊和期刊论文的描述与关系推导得出，在此不再赘述。

6 元数据结构

6.1 元素选取和定义

6.1.1 元素选取原则

本标准通过元素和属性表达复杂的数据对象，在元素和属性的选择和定义方面，部分元素复用了 JATS 1.1 版本中的元素和属性。自定义了 NSTL 有实际需求的元素和属性。

元素是元数据的基本单元，如题名、摘要、作者等。属性更进一步地对元素进行描述和限定，如使用 xml: lang 属性表达语种信息，使用 date-type 属性表达日期类型信息等，每个属性都会有属性名和属性值。

本标准中，定义的元素分为描述性元素和辅助性元素。描述性元素用于描述来源、单篇文献、主题/分类/关键词、贡献者/机构、会议、基金、操作信息、获取管理、全文文件、图、表、附加资料和参考文献；辅助性元素对描述性元素进行封装，便于计算机对数据进行逻辑上的理解和处理。

6.1.2 字母及符号定义

（1）限制条件

遵循 GB/T 18391.3—2009，包含以下取值。

1）M，必备（mandatory）

表示元素或属性必须存在于一个特定的记录中。

2）O，可选（optional）

表示元素或属性可能存在于一个特定的记录中。

3）C，条件必备（conditional）

表示同层级的两个或多个元素中至少一个出现在记录中。

（2）出现频次

遵循 DTD 规范，包含以下取值。

1）*

即 0..*，表示元素可能出现 0 次或多次。

2)?

即 0..1，表示元素可能出现 0 次或 1 次。

3）+

即 1..*，表示元素可能出现 1 次或多次。

4）无符号

即 1，无符号表示元素必须出现，且只能出现 1 次。

6.1.3　元素定义

根据 NSTL 文献元数据设计指南要求，分别从 9 个方面对元素进行定义，如表 2-3 所示。从 6 个方面对属性进行定义，如表 2-4 所示。

表 2-3　元素定义

序号	标签	名称	说明	约束
1	中文名称	Label	适合人阅读的词汇描述元素，使用中文	必备
2	名称	Name	为方便计算机处理而定义的元素标记，名称使用英文	必备
3	URI	URI	元素的唯一标识	必备
4	定义	Definition	对元素含义的解释说明性文字	必备
5	注释	Remarks	对元素的附加性说明	有则必备
6	描述	Description	元素间的结构关系	有则必备
7	相关元素	Related-element	与该元素相关的元素	有则必备
8	属性	Attribute	元素中应用到的属性	有则必备
9	示例	Example	XML 样例说明	有则必备

表 2-4　属性定义

序号	标签	名称	说明	约束
1	中文名称	Label	适合人阅读的词汇描述属性，使用中文	必备
2	名称	Name	为方便计算机处理而定义的属性标记，名称使用英文	必备
3	定义	Definition	对属性含义的解释说明性文字	必备
4	属性值	Value	属性的取值内容，包含编码体系	必备
5	使用限制	Constraints	属性使用的限制	有则必备
6	示例	Example	XML 样例说明	有则必备

6.2　元数据框架和结构

NSTL 统一文献元数据框架以 <record> 为根节点，属性包括 xsd: version、xml: lang

（正文语种）。<record>中的元素<source-meta>、<article-meta>、<subj-class-kwd>、<contrib-group>、<conference>、<funding-group>、<process-group>、<access-group>、<fulltext-file>、<fig-group>、<table-group>、<supplementary-material>、<ref-list>分别对应领域模型中的来源元素集、单篇文献元素集、主题/分类/关键词元素集、贡献者/机构元素集、会议元素集、基金元素集、操作信息元素集、获取管理元素集、全文文件元素集、图元素集、表元素集、附加资料元素集和参考文献元素集，如图2－3所示，元数据结构图中的符号定义见6.1.2节中的字母及符号定义中的出现频次部分。

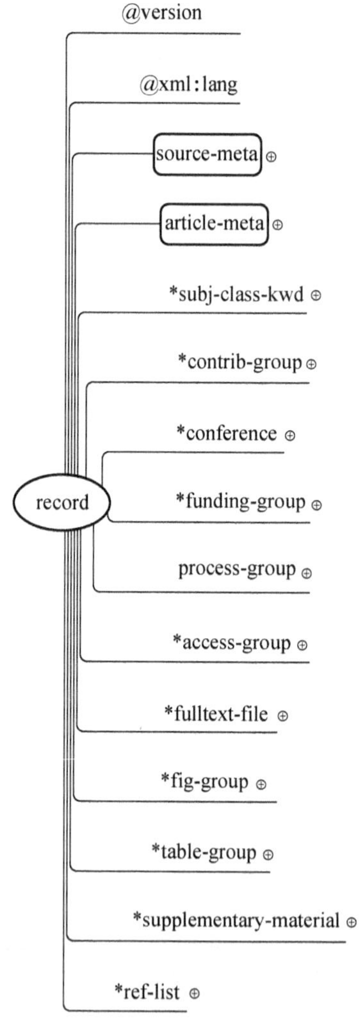

图2－3 NSTL统一文献元数据框架

6.2.1 来源元素集结构

来源元素集以“本”为单位进行描述，来源唯一标识符<source-id>默认为期唯一标识符，也可包括期刊品种唯一标识符、卷唯一标识符。具体标识类型通过source-id-type 属性区分。来源元素集结构如图 2-4 所示。

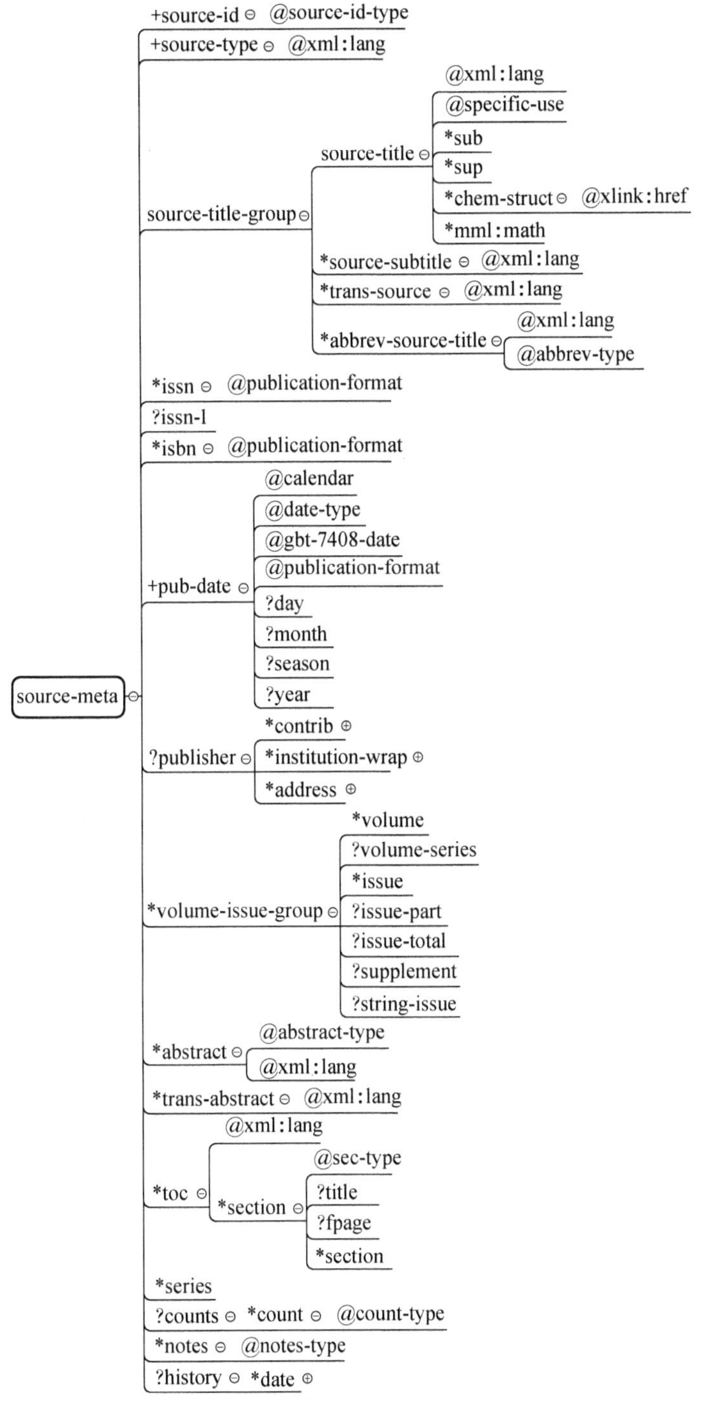

图 2-4　来源元素集结构

其中，<contrib>、<institution-wrap>、<address>元素结构与下文贡献者/机构元素集结构图中的这些元素结构一致。<date>元素结构与<pub-date>元素结构一致。

限于篇幅，在来源元素集结构图中未详细列出。

<source-meta>条件必备，如果与<source-meta>处于同一层级的<article-meta>没有出现，则<source-meta>必须出现，且出现频次为1，否则<source-meta>出现频次可为0。

注：由于包含特殊字符<sub>、<sup>、<chem-struct>、<mml: math>的元素较多，在元数据结构图中，以图2-4的<source-title>下的这4个元素的结构为例进行说明。其他处包含这4个元素方式与此一致，不再一一列举说明。特殊字符处理方法见本部分的附录B。

6.2.2 单篇文献元素集结构

单篇文献元素集结构如图2-5所示。其中，<article-meta>条件必备。如果与<article-meta>处于同一层级的<source-meta>没有出现，则<article-meta>必须出现，且出现频次为1，否则<article-meta>出现频次可为0。

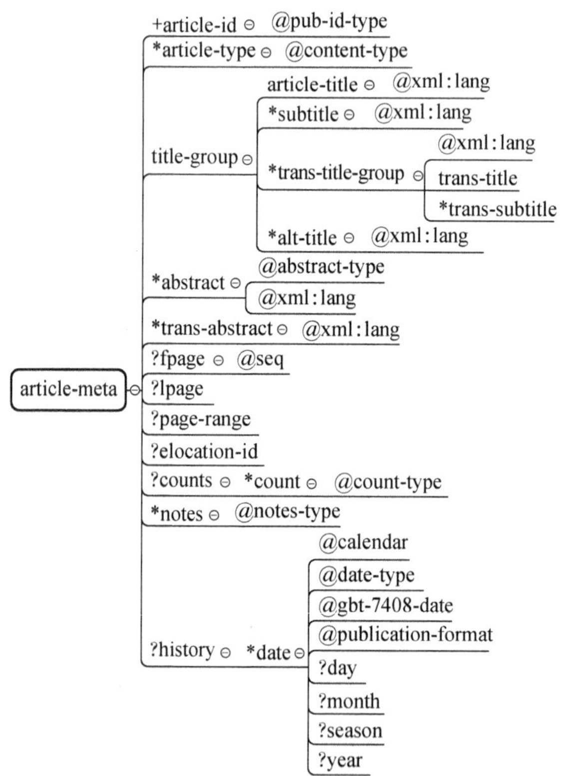

图2-5 单篇文献元素集结构

6.2.3 主题/分类/关键词元素集结构

主题/分类/关键词元素集主要描述文献的主题、分类、关键词信息。<subj-group>包含了主题词、主题词表信息；<class-group>包含了分类号、分类法信息；<kwd-group>包含了关键词、关键词类型信息。结构如图2-6所示。

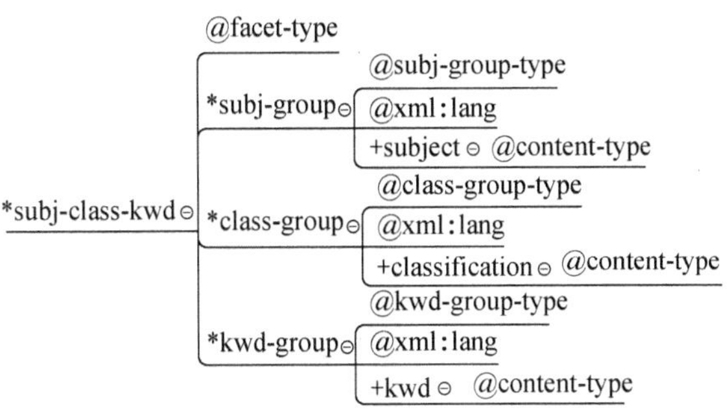

图 2-6　主题/分类/关键词元素集结构

6.2.4　贡献者/机构元素集结构

贡献者/机构元素集描述了贡献者、机构、地址信息。<contrib>包含了贡献者的姓名、职称职务、个人简介、研究领域等信息；<institution-wrap>包含了机构标识符、机构名称等信息；<address>包含了国家、省、市、邮编等信息。结构如图 2-7 所示。

6.2.5　会议元素集结构

会议元素集结构如图 2-8 所示。其中，<contrib>、<institution-wrap>、<address>所包含的属性及元素与上文贡献者/机构元素集中的这些元素所包含的属性及元素描述一致。

6.2.6　基金元素集结构

基金元素集结构如图 2-9 所示。其中，<contrib>、<institution-wrap>、<address>所包含的属性及元素与上文贡献者/机构元素集中的这些元素所包含的属性及元素描述一致。

6.2.7　操作信息元素集结构

操作信息元素集结构如图 2-10 所示。

6.2.8　获取管理元素集结构

获取管理元素集结构如图 2-11 所示。

6.2.9　全文文件元素集结构

全文文件元素集结构如图 2-12 所示。

6.2.10　图元素集结构

图元素集结构如图 2-13 所示。

6.2.11　表元素集结构

表元素集结构如图 2-14 所示。

6.2.12　附加资料元素集结构

附加资料元素集结构如图 2-15 所示。

6.2.13　参考文献元素集结构

参考文献元素集结构如图 2-16 所示。<ref>所包含的元素为条件必备元素，同层

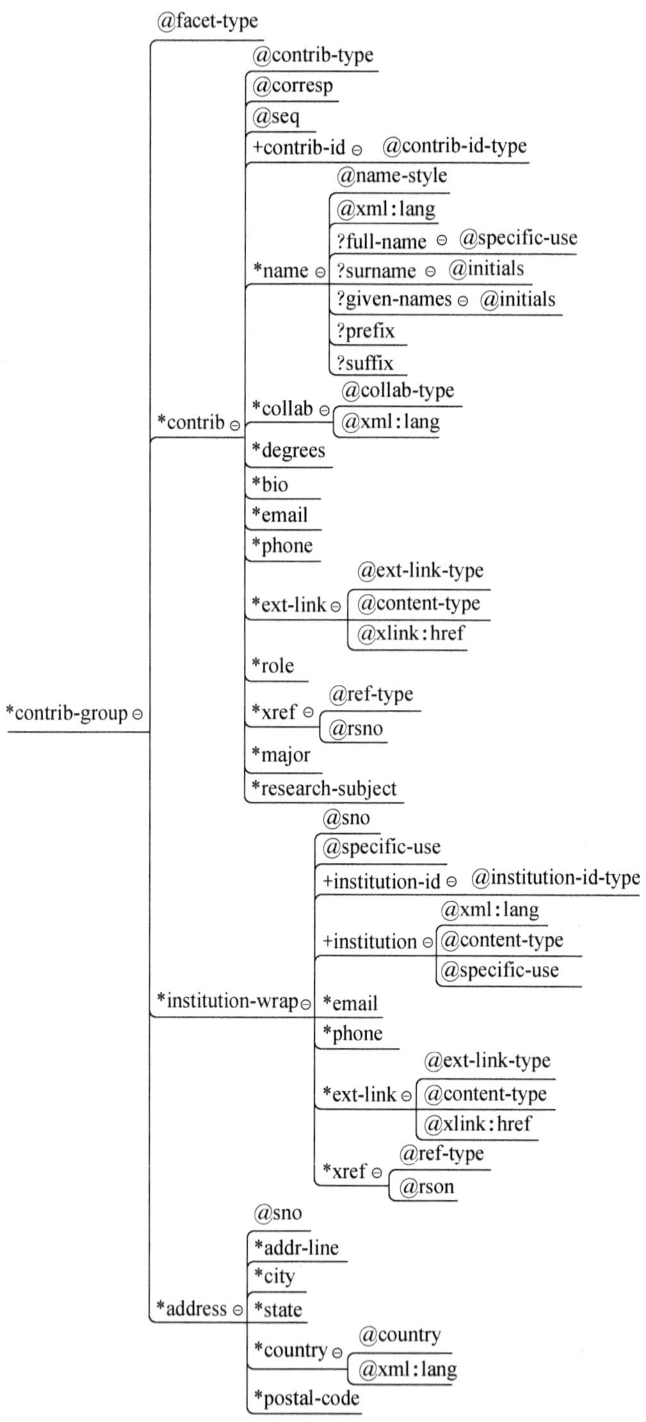

图 2 −7 贡献者/机构元素集结构

级元素互为条件。

6.2.14 引用关系

引用关系单独存在，描述文献（包括单篇文献、来源、参考文献）被其他文献引用

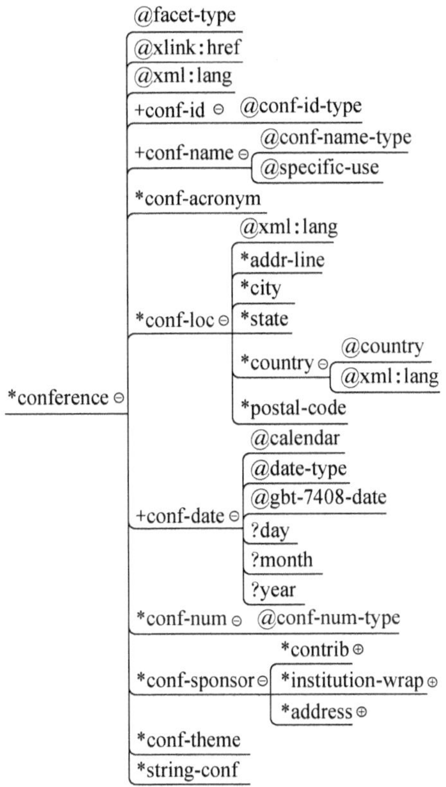

图 2-8　会议元素集结构

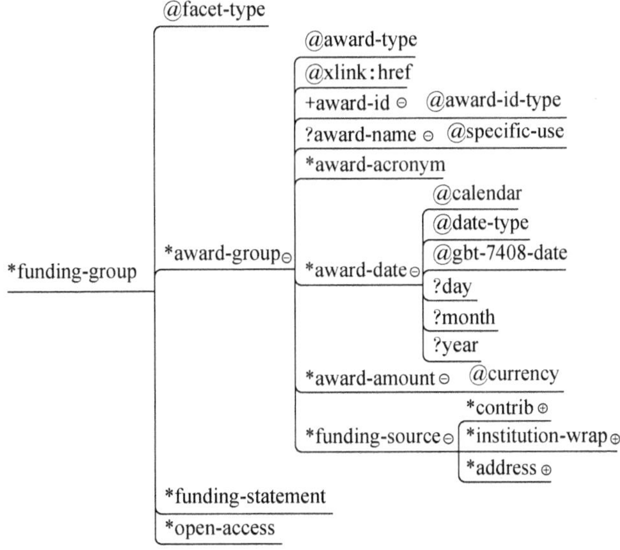

图 2-9　基金元素集结构

的情况。以 <cited-by> 为根节点，包括文献唯一标识符、施引文献数量即文献被引次数及施引文献唯一标识符信息，如图 2-17 所示。

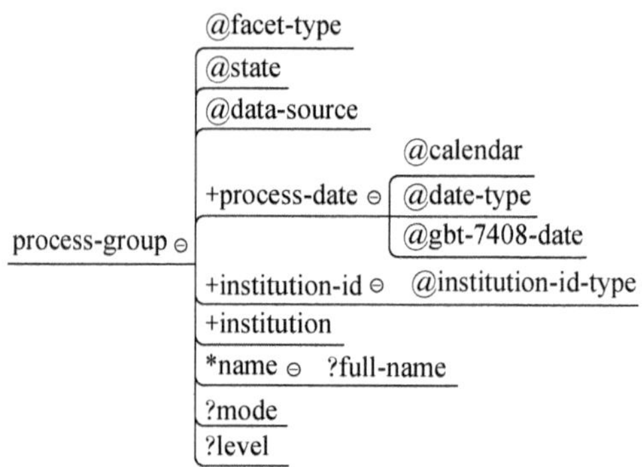

图 2 - 10　操作信息元素集结构

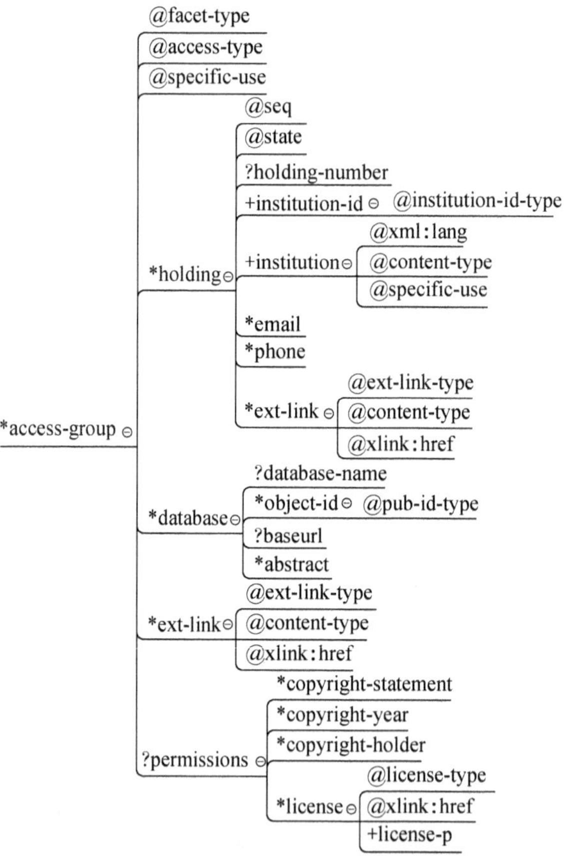

图 2 - 11　获取管理元素集结构

其中，文献唯一标识符可能是单篇文献唯一标识符 < article-id > 、来源唯一标识符 < source-id > 或参考文献唯一标识符 < pub-id > ；文献被引次数通过 < citings > 中的属性 count 描述；施引文献唯一标识符也可能是单篇文献唯一标识符 < article-id > 、来源唯一标识符 < source-id > 或参考文献唯一标识符 < pub-id > 。文献中的 < pub-id > 可能是文献

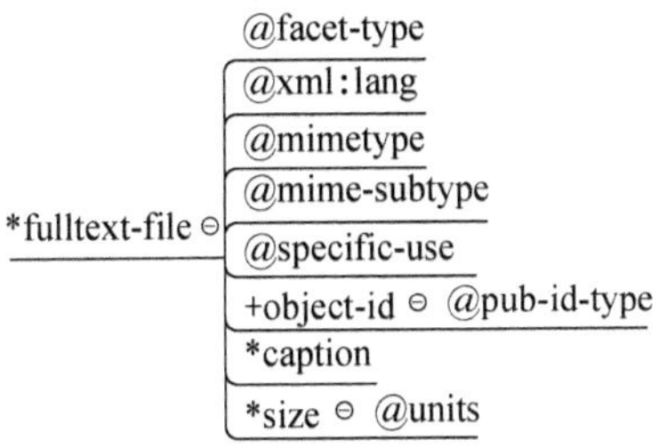

*fulltext-file ⊖
@facet-type
@xml:lang
@mimetype
@mime-subtype
@specific-use
+object-id ⊖ @pub-id-type
*caption
*size ⊖ @units

图 2－12　全文文件元素集结构

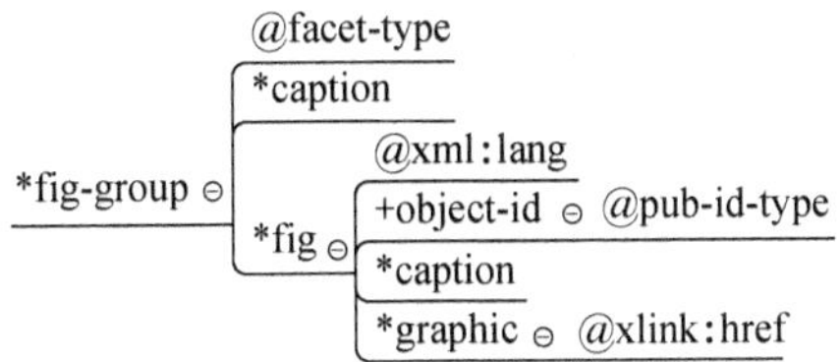

图 2－13　图元素集结构

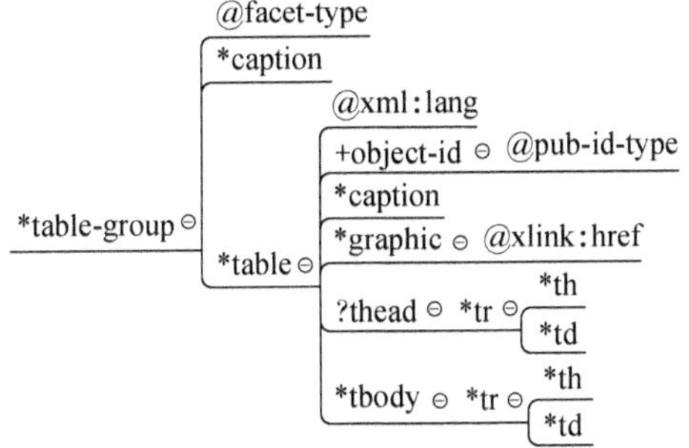

图 2－14　表元素集结构

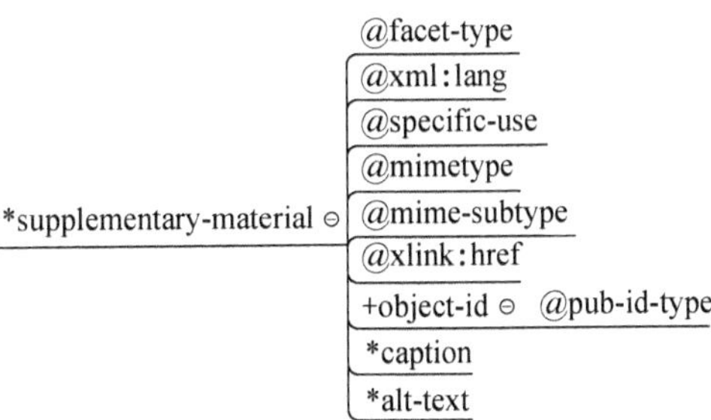

图 2－15　附加资料元素集结构

数据库中不存在原始文献的参考文献唯一标识符，也可能是没有归一成功的参考文献唯一标识符。

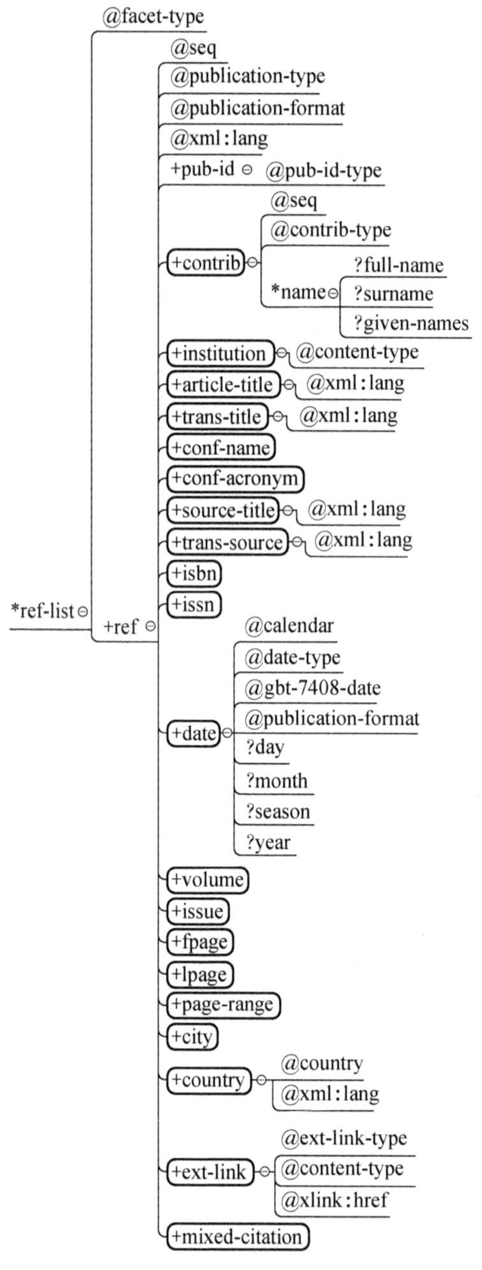

图 2－16　参考文献元素集结构

6.2.15　*归一关系*

归一关系单独存在，描述同一篇文献的不同表达形式信息。归一关系包括参考文献与原始文献的归一，也包括参考文献与参考文献的归一。以 <same-as> 为根节点，包括文献唯一标识符、其他形式参考文献数量及标识符信息，如图 2－18 所示。

其中，文献唯一标识符可能是单篇文献唯一标识符 <article-id>、来源唯一标识符 <source-id> 或参考文献唯一标识符 <pub-id>；归一数量通过 <variants> 中的属性

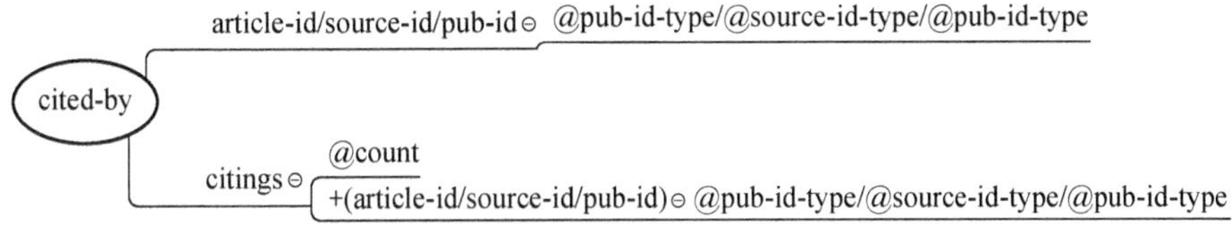

图 2-17　引用关系

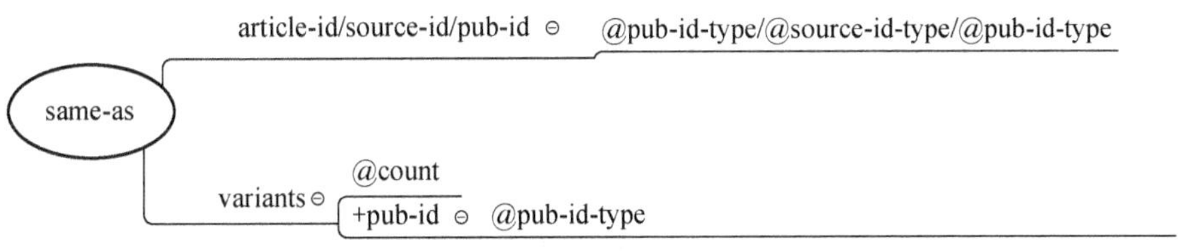

图 2-18　归一关系

count 描述；参考文献标识符为 <pub-id>。文献中的 <pub-id> 可能是文献数据库中不存在原始文献的参考文献唯一标识符，也可能是没有归一成功的参考文献唯一标识符。

6.2.16　规范关系

规范关系单独存在，描述同一数据对象（包括贡献者、机构、基金项目、会议和来源）的不同表达形式信息。规范关系以 <has-appellation> 为根节点，包括规范数据对象的唯一标识符、其他形式数据对象的数量及标识符信息，如图 2-19 所示。

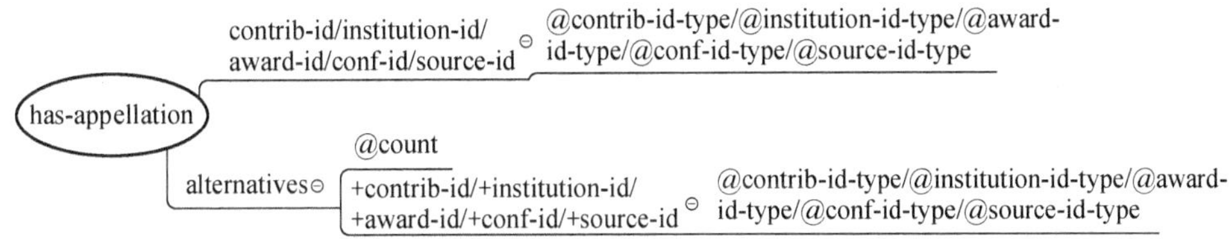

图 2-19　规范关系

其中，规范数据对象唯一标识符通过唯一标识符类型取值为“nstl_spec”表示，例如，通过 institution-id-type =“nstl_spec”表示所对应的 <institution-id> 为规范机构唯一标识符；归一数量通过 <alternatives> 中的属性 count 描述；其他形式数据对象一一对应于规范数据对象类型，例如，规范数据对象唯一标识符为 <contrib-id>，则其他形式对象标识符也只能是 <contrib-id>。

6.2.17　沿革关系

沿革关系单独存在，描述来源与来源之间的沿革变化关系，主要包括继承、部分继承、替代、部分替代、吸收、部分吸收等关系。以 <relation> 为根节点，包括来源唯一标识符、沿革关系类型及其他来源唯一标识符，如图 2-20 所示。

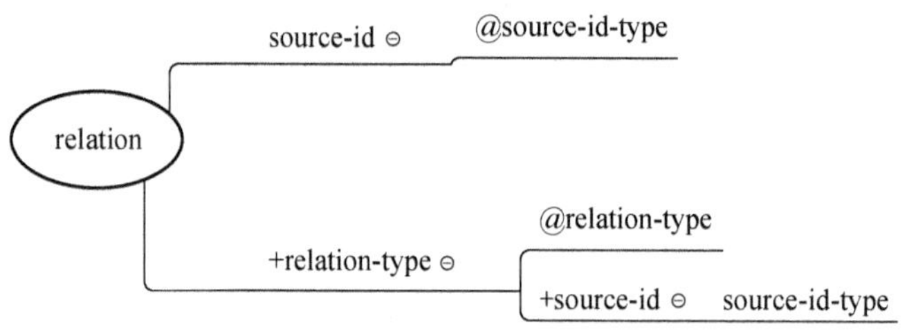

图 2－20　沿革关系

其中，来源唯一标识符及与来源具有沿革关系的其他来源唯一标识符通过 <source-id> 表示；沿革关系类型通过 <relation-type> 中的 relation-type 属性表示，具体取值见属性 relation-type 的定义。

7　描述性元素

描述性元素用于描述来源、单篇文献、主题/分类/关键词、贡献者/机构、会议、基金、操作信息、获取管理、全文文件、图、表、附加资料和参考文献相关信息，是实际记录内容的元素。

7.1　描述性元素集简表

7.1.1　来源元素集简表

来源元素集描述文献的来源信息，例如，文献所在的出版物信息、卷期信息、出版商信息、出版日期等。文献来源类型包括期刊、会议录、科技丛书、科技专著、文集汇编、工具书、开放课程等。来源元素集元素简表如表 2－5 所示。

表 2－5　来源元素集元素简表

序号	中文名称	名称	出现频次	限制条件	复用 JATS	备注
1	来源唯一标识符	source-id	1..*	M	否	
2	来源类型	source-type	1..*	M	否	
3	来源题名	source-title	1	M	否	
4	来源副题名	source-subtitle	0..*	O	否	
5	来源题名译名	trans-source	0..*	O	是	
6	来源题名缩写	abbrev-source-title	0..*	O	否	
7	国际标准连续出版物编号	issn	0..*	O	是	
8	链接 ISSN	issn-l	0..1	O	是	

续表

序号	中文名称	名称	出现频次	限制条件	复用JATS	备注
9	国际标准书号	isbn	0..*	O	是	
10	出版日期	pub-date	1..*	O	否	
11	出版者	publisher	0..1	O	否	采用贡献者/机构元素集详细描述
12	卷	volume	0..*	O	是	
13	丛卷	volume-series	0..1	O	是	
14	期	issue	0..*	O	是	
15	分期	issue-part	0..1	O	是	
16	总期	issue-total	0..1	O	否	
17	增期	supplement	0..1	O	是	
18	期信息描述	string-issue	0..1	O	否	
19	摘要	abstract	0..*	O	否	来源简介
20	其他语种摘要	trans-abstract	0..*	O	否	
21	章节题名	title	0..1	O	是	目录章节题名
22	起页	fpage	0..1	O	是	目录页码
23	丛书题名	series	0..*	O	是	
24	总数	count	0..*	O	否	如图书页数等
25	注释	notes	0..*	O	否	
26	日期	date	0..*	O	是	历史日期
27	日	day	0..1	O	是	出版日或历史日
28	月份	month	0..1	O	是	出版月份或历史月份
29	季度	season	0..1	O	是	出版季度或历史季度
30	年份	year	0..1	O	是	出版年份或历史年份

7.1.2　单篇文献元素集简表

单篇文献元素集描述单篇文献的题名、摘要、关键词、页码、计数等信息。单篇文献元素集元素简表如表 2-6 所示。

表 2-6　单篇文献元素集元素简表

序号	中文名称	名称	出现频次	限制条件	复用JATS	备注
1	单篇文献唯一标识符	article-id	1..*	M	是	
2	单篇文献类型	article-type	0..*	O	否	

续表

序号	中文名称	名称	出现频次	限制条件	复用JATS	备注
3	题名	article-title	1	M	是	
4	副题名	subtitle	0..*	O	是	
5	题名译名	trans-title	1	M	是	
6	副题名译名	trans-subtitle	0..*	O	是	
7	交替题名	alt-title	0..*	O	是	
8	摘要	abstract	0..*	O	否	
9	其他语种摘要	trans-abstract	0..*	O	否	
10	起页	fpage	0..1	O	是	
11	止页	lpage	0..1	O	是	
12	页码范围	page-range	0..1	O	是	
13	电子位置标识符	elocation-id	0..1	O	是	
14	总数	count	0..*	O	否	如单篇文献页数等
15	注释	notes	0..*	O	否	
16	日期	date	0..*	O	是	历史日期
17	日	day	0..1	O	是	历史日
18	月份	month	0..1	O	是	历史月份
19	季度	season	0..1	O	是	历史季度
20	年份	year	0..1	O	是	历史年份

7.1.3　主题/分类/关键词元素集简表

主题/分类/关键词元素集描述来源或单篇文献的主题、分类、关键词信息。主题/分类/关键词元素集元素简表如表2-7所示。

表2-7　主题/分类/关键词元素集元素简表

序号	中文名称	名称	出现频次	限制条件	复用JATS
1	主题词	subject	1..*	M	是
2	分类号	classification	1..*	M	否
3	关键词	kwd	1..*	M	是

7.1.4　贡献者/机构元素集简表

贡献者/机构元素集描述贡献者、机构和地址信息，其中地址既可以是贡献者地址，也可以是机构地址。贡献者/机构元素集元素简表如表2-8所示。

表 2-8 贡献者/机构元素集元素简表

序号	中文名称	名称	出现频次	限制条件	复用 JATS	备注
1	贡献者标识符	contrib-id	1..*	M	是	
2	全名	full-name	0..1	O	否	
3	姓	surname	0..1	O	是	
4	名	given-names	0..1	O	是	
5	姓名前缀	prefix	0..1	O	是	
6	姓名后缀	suffix	0..1	O	是	
7	团体作者	collab	0..*	O	是	
8	学位	degrees	0..*	O	是	
9	个人简介	bio	0..*	O	是	
10	职称职务	role	0..*	O	是	
11	专业	major	0..*	O	否	
12	研究方向	research-subject	0..*	O	否	
13	机构标识符	institution-id	1..*	M	是	
14	机构	institution	1..*	M	否	
15	电子邮箱	email	0..*	O	是	贡献者或机构电子邮箱
16	电话号码	phone	0..*	O	是	贡献者或机构电话号码
17	外部链接	ext-link	0..*	O	否	贡献者或机构外部链接
18	地址信息描述	addr-line	0..*	O	是	贡献者或机构地址
19	城市	city	0..*	O	是	
20	州或省	state	0..*	O	是	
21	国家	country	0..*	O	是	
22	邮政编码	postal-code	0..*	O	是	

7.1.5 会议元素集简表

会议元素集描述与文献有关的会议信息，如会议名称、会议地点、会议举办者、会议日期等。会议元素集元素简表如表 2-9 所示。

表 2-9 会议元素集元素简表

序号	中文名称	名称	出现频次	限制条件	复用 JATS	备注
1	会议标识符	conf-id	1..*	M	否	
2	会议名称	conf-name	1..*	M	否	
3	会议名称缩写	conf-acronym	0..*	O	是	
4	地址信息描述	addr-line	0..*	O	是	会议地址信息

续表

序号	中文名称	名称	出现频次	限制条件	复用 JATS	备注
5	城市	city	0..*	O	是	会议举办城市
6	州或省	state	0..*	O	是	会议举办州/省
7	国家	country	0..*	O	是	会议举办国家
8	邮政编码	postal-code	0..*	O	是	
9	会议日期	conf-date	1..*	O	否	
10	日	day	0..1	O	是	会议日
11	月份	month	0..1	O	是	会议月份
12	年份	year	0..1	O	是	会议年份
13	会议届次	conf-num	0..*	O	否	
14	会议举办者	conf-sponsor	0..*	O	否	采用贡献者/机构元素集详细描述
15	会议主题	conf-theme	0..*	O	是	
16	会议信息描述	string-conf	0..*	O	是	

7.1.6 基金元素集简表

基金元素集描述文献资助信息，如基金项目名称、资助日期、资助者、资助金额等。基金元素集元素简表如表 2－10 所示。

表 2－10 基金元素集元素简表

序号	中文名称	名称	出现频次	限制条件	复用 JATS	备注
1	基金项目标识符	award-id	1..*	M	否	
2	基金项目名称	award-name	0..1	O	否	
3	基金项目名称缩写	award-acronym	0..*	O	否	
4	基金项目日期	award-date	0..*	O	否	
5	日	day	0..1	O	是	基金项目日
6	月份	month	0..1	O	是	基金项目月份
7	年份	year	0..1	O	是	基金项目年份
8	资助金额	award-amount	0..*	O	否	
9	基金项目资助者	funding-source	0..*	O	否	采用贡献者/机构元素集详细描述
10	资助说明	funding-statement	0..*	O	是	
11	开放获取说明	open-access	0..*	O	否	

7.1.7　操作信息元素集简表

操作信息元素集描述相关人员对文献的操作处理信息，如操作人员、加工方式、数据状态等。操作信息元素集元素简表如表2-11所示。

表2-11　操作信息元素集元素简表

序号	中文名称	名称	出现频次	限制条件	复用JATS	备注
1	操作日期	process-date	1..*	M	否	
2	机构标识符	institution-id	1..*	M	是	加工机构标识符
3	机构	institution	1..*	M	否	加工机构
4	全名	full-name	0..*	O	否	加工人员姓名
5	加工方式	mode	0..1	O	否	
6	加工深度	level	0..1	O	否	

7.1.8　获取管理元素集简表

获取管理元素集描述文献的可获取方式（包括馆藏、数据库、可链接地址等）和版权信息。获取管理元素集元素简表如表2-12所示。

表2-12　获取管理元素集元素简表

序号	中文名称	名称	出现频次	限制条件	复用JATS	备注
1	馆藏号	holding-number	0..1	O	否	
2	机构标识符	institution-id	1..*	M	是	馆藏机构标识符
3	机构	institution	1..*	M	否	馆藏机构
4	电子邮箱	email	0..*	O	是	馆藏机构电子邮箱
5	电话号码	phone	0..*	O	是	馆藏机构电话号码
6	数据库名称	database-name	0..1	O	否	
7	对象标识符	object-id	0..*	O	是	数据库标识符
8	网站基地址	baseurl	0..1	O	否	数据库网站基地址
9	摘要	abstract	0..*	O	否	数据库简介
10	外部链接	ext-link	0..*	O	否	馆藏机构或文献外部链接
11	版权声明	copyright-statement	0..*	O	是	
12	版权年	copyright-year	0..*	O	是	
13	版权所有者	copyright-holder	0..*	O	是	
14	使用许可描述	license-p	1..*	M	是	

7.1.9 全文文件元素集简表

全文文件元素集描述文献全文文件的格式、大小、相关描述信息等。全文文件元素集元素简表如表 2－13 所示。

表 2－13 全文文件元素集元素简表

序号	中文名称	名称	出现频次	限制条件	复用 JATS
1	对象标识符	object-id	1..*	M	是
2	文字说明	caption	0..*	O	是
3	大小	size	0..*	O	是

7.1.10 图元素集简表

图元素集描述图的题名、文字描述信息及相关链接等。图元素集元素简表如表 2－14 所示。

表 2－14 图元素集元素简表

序号	中文名称	名称	出现频次	限制条件	复用 JATS
1	文字说明	caption	0..*	O	是
2	对象标识符	object-id	1..*	M	是
3	图像	graphic	0..*	O	是

7.1.11 表元素集简表

表元素集描述表名、文字描述信息及相关链接等。表元素集元素简表如表 2－15 所示。

表 2－15 表元素集元素简表

序号	中文名称	名称	出现频次	限制条件	复用 JATS
1	文字说明	caption	0..*	O	是
2	对象标识符	object-id	1..*	M	是
3	图像	graphic	0..*	O	是
4	行	tr	0..*	O	是
5	表头单元格	th	0..*	O	是
6	标准单元格	td	0..*	O	是

7.1.12 附加资料元素集简表

附加资料元素集描述附加资料的格式类型、文字描述信息及相关链接等。附加资料元素集元素简表如表 2－16 所示。

表 2-16 附加资料元素集元素简表

序号	中文名称	名称	出现频次	限制条件	复用 JATS
1	对象标识符	object-id	1..*	M	是
2	文字说明	caption	0..*	O	是
3	替代性文本描述	alt-text	0..*	O	是

7.1.13 参考文献元素集简表

参考文献元素集描述文献中的参考文献信息，如参考文献题名、作者、来源、卷期、出版者等信息。参考文献元素集元素简表如表 2-17 所示。

表 2-17 参考文献元素集元素简表

序号	中文名称	名称	出现频次	限制条件	复用 JATS
1	出版物标识符	pub-id	1..*	M	是
2	全名	full-name	0..1	O	否
3	姓	surname	0..1	O	是
4	名	given-names	0..1	O	是
5	机构	institution	1..*	C	否
6	题名	article-title	1..*	C	是
7	题名译名	trans-title	1..*	C	是
8	会议名称	conf-name	1..*	C	否
9	会议名称缩写	conf-acronym	1..*	C	是
10	来源题名	source-title	1..*	C	否
11	来源题名译名	trans-source	1..*	C	是
12	ISBN	isbn	1..*	C	是
13	ISSN	issn	1..*	C	是
14	日期	date	1..*	C	是
15	日	day	0..1	O	是
16	月份	month	0..1	O	是
17	季度	season	0..1	O	是
18	年份	year	0..1	O	是
19	卷	volume	1..*	C	是
20	期	issue	1..*	C	是
21	起页	fpage	1..*	C	是
22	止页	lpage	1..*	C	是
23	页码范围	page-range	1..*	C	是

续表

序号	中文名称	名称	出现频次	限制条件	复用 JATS
24	城市	city	1..*	C	是
25	国家	country	1..*	C	是
26	外部链接	ext-link	1..*	C	否
27	参考文献原始信息	mixed-citation	1..*	C	否

7.2 描述性元素定义

7.2.1 abbrev-source-title 来源题名缩写

中文名称	来源题名缩写
名称	abbrev-source-title
URI	https://spec.nstl.gov.cn/namespace/1.0/abbrev-source-title
定义	来源名称的缩写形式
注释	很多出版商或机构都有自己的关于来源题名缩写的规范文档，使用 abbrev-type 属性表达来源缩写名称来自哪个机构，例如，abbrev-type 取值为“nstl”表示缩写名称来自 NSTL
描述	以下元素的任意组合： • 文本、数字或特殊字符 • <chem-struct>化学结构，元素出现 0 次或多次 • <mml: math>数学公式，元素出现 0 次或多次 • <sub>下标，元素出现 0 次或多次 • <sup>上标，元素出现 0 次或多次
相关元素	描述来源题名相关元素：<source-title>来源题名、<source-subtitle>来源副题名、<trans-source>来源题名译名
属性	xml: lang 语种 abbrev-type 缩写类型
示例	<abbrev-source-title abbrev-type ="abbrev_iso" xml: lang = "en" >ADV ENERGY MATER </abbrev-journal-title>

7.2.2 abstract 摘要

中文名称	摘要
名称	abstract

续表

URI	https: //spec. nstl. gov. cn/namespace/1. 0/abstract
定义	文献内容简介，可描述来源，也可描述单篇文献
注释	大多数摘要包含一个或多个段落。也有一些长的或总结型摘要，分为几个小节，每小节有相应的题名和段落。<abstract>元素既可为独立段落，也可分为几个小节。可描述来源摘要，也可描述单篇文献摘要，还可描述数据库内容简介
描述	以下元素的任意组合： • 文本、数字或特殊字符 • <chem-struct>化学结构，元素出现 0 次或多次 • <mml: math>数学公式，元素出现 0 次或多次 • <sub>下标，元素出现 0 次或多次 • <sup>上标，元素出现 0 次或多次
相关元素	<trans-abstract>其他语种摘要
属性	abstract-type 摘要类型 xml: lang 语种
示例	<abstract abstract-type = "short" xml: lang = "en">The terms defined in ontology are used as metadata to markup the Web' s content; these semantic markups are semantic index terms for information retrieval. </abstract>

7.2.3　addr-line 地址信息描述

中文名称	地址信息描述
名称	addr-line
URI	https: //spec. nstl. gov. cn/namespace/1. 0/addr-line
定义	综合描述地址信息
注释	用于在一段文字内综合描述通信地址等相关信息。在贡献者/机构元素集中描述贡献者地址或机构地址，在会议元素集中描述会议地址
描述	以下元素的任意组合： • 文本、数字或特殊字符 • <chem-struct>化学结构，元素出现 0 次或多次 • <mml: math>数学公式，元素出现 0 次或多次 • <sub>下标，元素出现 0 次或多次 • <sup>上标，元素出现 0 次或多次
相关元素	描述地址信息的相关元素：<country>国家、<state>州或省、<city>城市、<postal-code>邮政编码

续表

属性	无
示例	<addr-line>Nissan Motor Co., Ltd., Nissan Res Ctr, Yokosuka, Kanagawa 2378523, Japan</addr-line>

7.2.4 alt-text 替代性文本描述

中文名称	替代性文本描述
名称	alt-text
URI	https://spec.nstl.gov.cn/namespace/1.0/alt-text
定义	对图、表等结构提供简短文本名称、描述或目的声明的单词或短语
注释	当图、表等显示受限时，提供的可替代的文本描述
描述	文本、数字或特殊字符
相关元素	无
属性	无
示例	<alt-text>Deaths in hospitals or with alternative services</alt-text>

7.2.5 alt-title 交替题名

中文名称	交替题名
名称	alt-title
URI	https://spec.nstl.gov.cn/namespace/1.0/alt-title
定义	文献有多个交替使用的同语种题名时，除正题名以外的其他题名
注释	交替题名通常用于特定用途，例如，目录中使用的题名的缩写、为显示而建的 ASCII 题名，在纸质版出版物中的左上角题名等，交替题名不是译名和副题名
描述	以下元素的任意组合： • 文本、数字或特殊字符 • <chem-struct>化学结构，元素出现 0 次或多次 • <mml:math>数学公式，元素出现 0 次或多次 • <sub>下标，元素出现 0 次或多次 • <sup>上标，元素出现 0 次或多次
相关元素	描述单篇文献题名的相关元素：<article-title>题名、<subtitle>副题名、<trans-title>题名译名和<trans-subtitle>副题名译名
属性	xml:lang 语种
示例	<alt-title xml:lang="en">L. S. Santos and others</alt-title>

7.2.6 article-id 单篇文献唯一标识符

中文名称	单篇文献唯一标识符
名称	article-id
URI	https://spec.nstl.gov.cn/namespace/1.0/article-id
定义	能够唯一识别单篇文献的标识符
注释	单篇文献可能有多个唯一标识符，既可以是通用标识符如 doi，也可以是机构或系统创建的唯一标识符，如 Web of Science 中的单篇文献唯一标识符 UID 等。具体标识类型见属性 pub-id-type 定义。单篇文献唯一标识符生成规则见本部分的附录 A
描述	文本、数字或特殊字符
相关元素	描述标识符的相关元素：<source-id>来源唯一标识符、<contrib-id>贡献者标识符、<institution-id>机构标识符、<conf-id>会议标识符、<award-id>基金项目标识符、<object-id>对象（图、表、附加资料、全文文件）标识符、<pub-id>出版物标识符
属性	pub-id-type 出版物标识符类型
示例	<article-id pub-id-type="nstl_spec"> B2ART20151008152310321042383676A</article-id> <article-id pub-id-type="wos_uid">WOS:000313239600003</article-id> <article-id pub-id-type="doi">10.1002/aenm.201200540</article-id>

7.2.7 article-title 题名

中文名称	题名
名称	article-title
URI	https://spec.nstl.gov.cn/namespace/1.0/article-title
定义	原语种单篇文献题名的全称
注释	题名在两种场景下使用，一种是单篇文献题名，一种是参考文献的题名
描述	以下元素的任意组合： • 文本、数字或特殊字符 • <chem-struct>化学结构，元素出现 0 次或多次 • <mml:math>数学公式，元素出现 0 次或多次 • <sub>下标，元素出现 0 次或多次 • <sup>上标，元素出现 0 次或多次
相关元素	描述单篇文献题名相关元素：<subtitle>副题名、<alt-title>交替题名、题名译名<trans-title>和副题名译名<trans-subtitle>

续表

属性	xml: lang 语种
示例	< article-title xml: lang = "en" > Effect of Interfacial Engineering in Solid-State Nanostructured Sb2S3 Heterojunction Solar Cells < /article-title >

7.2.8 article-type 单篇文献类型

中文名称	单篇文献类型
名称	article-type
URI	https: //spec. nstl. gov. cn/namespace/1. 0/article-type
定义	单篇文献的出版类型
注释	①由字母或数字组成的代码，具有唯一性。 ②可自行定义。 NSTL 定义的单篇文献类型及代码推荐但不限于以下取值： 单篇文献类型　名称类型代码 研究论文　article 专著章节　book chapter 科技报告　report 学位论文　thesis 课件　courseware
描述	文本、数字或特殊字符
相关元素	< source-type > 表示来源类型，如期刊、会议录、科技丛书等
属性	content-type 内容类型
示例	< article-type content-type = "research" > article < /article-type > < article-type content-type = "master" > thesis < /article-type >

7.2.9 award-acronym 基金项目名称缩写

中文名称	基金项目名称缩写
名称	award-acronym
URI	https: //spec. nstl. gov. cn/namespace/1. 0/award-arconym-title
定义	基金项目名称的缩写形式
注释	无

续表

描述	以下元素的任意组合： • 文本、数字或特殊字符 • <chem-struct>化学结构，元素出现 0 次或多次 • <mml: math>数学公式，元素出现 0 次或多次 • <sub>下标，元素出现 0 次或多次 • <sup>上标，元素出现 0 次或多次
相关元素	描述基金项目信息的相关元素：<award-id>基金项目标识符、<award-name>基金项目名称、<award-date>基金项目日期、<award-amount>资助金额等
属性	无
示例	<award-acronym>ODIN</award-acronym>

7.2.10　award-amount 资助金额

中文名称	资助金额
名称	award-amount
URI	https://spec.nstl.gov.cn/namespace/1.0/award-amount
定义	对基金项目资助的金额
注释	使用属性 currency 表达货币类型，如人民币、美元等
描述	文本、数字或特殊字符
相关元素	描述基金项目信息的相关元素：<award-id>基金项目标识符、<award-name>基金项目名称、<award-acronym>基金项目名称缩写、<award-date>基金项目日期等
属性	currency 货币类型
示例	<award-amount currency="USD">250000</award-amount>

7.2.11　award-date 基金项目日期

中文名称	基金项目日期
名称	award-date
URI	https://spec.nstl.gov.cn/namespace/1.0/award-date
定义	基金项目的起始日期和终止日期
注释	优选<award-date>表达基金项目日期，也可通过<day>、<month>、<year>等元素结构化方式表达

续表

描述	以下元素的任意组合： ● 文本、数字或特殊字符 ● <day>日，元素出现 0 次或 1 次 ● <month>月份，元素出现 0 次或 1 次 ● <year>年份，元素出现 0 次或 1 次
相关元素	描述基金项目信息的相关元素：<award-id>基金项目标识符、<award-name>基金项目名称、<award-acronym>基金项目名称缩写、<award-amount>资助金额等
属性	calendar 日历类型 date-type 日期类型 gbt-7408-date GB/T 7408 格式日期
示例	<award-date calendar = "Chinese" date-type = "start" gbt-7408-date = "2014-08-01" >2014-08-01 </award-date> <award-date calendar = "Chinese" date-type = "end" gbt-7408-date = "2017-07-31" >2016-07-31 </award-date>

7.2.12 award-id 基金项目标识符

中文名称	基金项目标识符
名称	award-id
URI	https://spec.nstl.gov.cn/namespace/1.0/award-id
定义	能够识别基金项目的标识符
注释	主要是指项目资助机构分配给项目的唯一标识符，或者是收录项目的来源系统为项目生成的标识符。具体标识类型见属性 award-id-type 的定义。基金项目标识符生成规则见本部分的附录 A
描述	文本、数字或特殊字符
相关元素	描述标识符的相关元素：<source-id>来源唯一标识符、<article-id>单篇文献唯一标识符、<contrib-id>贡献者标识符、<institution-id>机构标识符、<conf-id>会议标识符、<object-id>对象（图、表、附加资料、全文文件）标识符、<pub-id>出版物标识符 描述基金项目信息的相关元素：<award-name>基金项目名称、<award-acronym>基金项目名称缩写、<award-date>基金项目日期、<award-amount>资助金额等

续表

属性	award-id-type 基金项目标识符类型
示例	<award-id award-id-type = "nstl_spec" > C2AWD20160805181122419FAKLLBMS8L </award-id > <award-id award-id-type = "internal_id" > B2AWD20160805181024209NVWCOH52CD </award-id > <award-id award-id-type = "grant_number" > DMS-0244638 </award-id >

7.2.13　award-name 基金项目名称

中文名称	基金项目名称
名称	award-name
URI	https://spec.nstl.gov.cn/namespace/1.0/award-name
定义	基金项目的全称
注释	无
描述	以下元素的任意组合： • 文本、数字或特殊字符 • <chem-struct>化学结构，元素出现 0 次或多次 • <mml:math>数学公式，元素出现 0 次或多次 • <sub>下标，元素出现 0 次或多次 • <sup>上标，元素出现 0 次或多次
相关元素	描述基金项目信息的元素：<award-id>基金项目标识符、<award-acronym>基金项目名称缩写、<award-date>基金项目日期、<award-amount>资助金额、<funding-source>基金项目资助者
属性	specific-use 具体应用
示例	<award-name specific-use = "pref" > A Novel Approach to Multistage Decision Making under Uncertainty </award-name >

7.2.14　baseurl 网站基地址

中文名称	网站基地址
名称	baseurl
URI	https://spec.nstl.gov.cn/namespace/1.0/baseurl
定义	网站的默认地址
注释	数据库网站的基本地址
描述	文本、数字或特殊字符

续表

相关元素	描述数据库信息的相关元素：<database-name>数据库名称、<object-id>对象标识符（数据库）、<abstract>摘要（数据库简介）
属性	无
示例	<baseurl>http://webofknowledge.com</baseurl>

7.2.15 bio 个人简介

中文名称	个人简介
名称	bio
URI	https://spec.nstl.gov.cn/namespace/1.0/bio
定义	对贡献者的描述或传记资料
注释	个人简介通常出现在文献末尾或侧栏
描述	以下元素的任意组合： • 文本、数字或特殊字符 • <chem-struct>化学结构，元素出现 0 次或多次 • <mml:math>数学公式，元素出现 0 次或多次 • <sub>下标，元素出现 0 次或多次 • <sup>上标，元素出现 0 次或多次
相关元素	无
属性	无
示例	<bio>Stephen William Hawking isan English theoretical physicist, cosmologist, author and Director of Research at the Centre for Theoretical Cosmology within the University of Cambridge.</bio>

7.2.16 caption 文字说明

中文名称	文字说明
名称	caption
URI	https://spec.nstl.gov.cn/namespace/1.0/caption
定义	对图、表、附加资料、全文文件等进行文字描述
注释	此元素主要对图、表、附加资料、全文文件等对象进行文字描述，可能包含图、表名称，也可能包含更多描述内容
描述	文本、数字或特殊字符
相关元素	无

续表

属性	xml: lang 语种
示例	<caption xml: lang = "en">Number and percentages of subjects, by product group, with respect to reference change values. </caption>

7.2.17　city 城市

中文名称	城市
名称	city
URI	https://spec.nstl.gov.cn/namespace/1.0/city
定义	城市名称
注释	此元素常作为地址中的一部分
描述	文本、数字或特殊字符
相关元素	描述地址信息的相关元素：<addr-line>地址信息描述、<country>国家、<state>州或省、<postal-code>邮政编码
属性	无
示例	<city>Lausanne</city>

7.2.18　classification 分类号

中文名称	分类号
名称	classification
URI	https://spec.nstl.gov.cn/namespace/1.0/classification
定义	根据特定分类法对文献赋予的分类代码
注释	通常是按文献的学科知识属性组织和揭示文献
描述	以下元素的任意组合： • 文本、数字或特殊字符 • <chem-struct>化学结构，元素出现 0 次或多次 • <mml: math>数学公式，元素出现 0 次或多次 • <sub>下标，元素出现 0 次或多次 • <sup>上标，元素出现 0 次或多次
相关元素	无
属性	content-type 内容类型
示例	<classification content-type = "code">G350</classification>

7.2.19 collab 团体作者

中文名称	团体作者
名称	collab
URI	https: //spec. nstl. gov. cn/namespace/1. 0/collab
定义	贡献者为组织或团体
注释	此元素可能包含作为贡献者如作者的个人合作团体或组织名称（如实验室、教育机构、企业或部门的名称）
描述	以下元素的任意组合： • 文本、数字或特殊字符 • <chem-struct>化学结构，元素出现0次或多次 • <mml: math>数学公式，元素出现0次或多次 • <sub>下标，元素出现0次或多次 • <sup>上标，元素出现0次或多次
相关元素	无
属性	collab-type 团体作者类型 xml: lang 语种
示例	<collab collab-type = "author" xml: lang = "en" > Library of Congress </collab>

7.2.20 conf-acronym 会议名称缩写

中文名称	会议名称缩写
名称	conf-acronym
URI	https: //spec. nstl. gov. cn/namespace/1. 0/conf-acronym
定义	会议名称的缩写，通常是简短、常用的会议名称，如“SIGGRAPH”是“Special Interest Group on Computer Graphics”的缩写
注释	会议缩写通常包括会议举办的年代（如“SGML' 97”）或届次（如“AMBA 6”）
描述	以下元素的任意组合： • 文本、数字或特殊字符 • <chem-struct>化学结构，元素出现0次或多次 • <mml: math>数学公式，元素出现0次或多次 • <sub>下标，元素出现0次或多次 • <sup>上标，元素出现0次或多次
相关元素	描述会议信息的相关元素：<conf-id>会议标识符、<conf-name>会议名称、<conf-date>会议日期、<conf-num>会议届次、<conf-theme>会议主题、<string-conf>会议信息描述等

续表

属性	无
示例	<conf-acronym>SIGUCCS</conf-acronym>

7.2.21　conf-date 会议日期

中文名称	会议日期
名称	conf-date
URI	https://spec.nstl.gov.cn/namespace/1.0/conf-date
定义	会议的举办日期
注释	优选<conf-date>表达会议日期，也可通过<day>、<month>、<year>等元素结构化方式表达
描述	以下元素的任意组合： • 文本、数字或特殊字符 • <day>日，元素出现 0 次或 1 次 • <month>月份，元素出现 0 次或 1 次 • <year>年份，元素出现 0 次或 1 次
相关元素	描述会议信息的相关元素：<conf-id>会议标识符、<conf-name>会议名称、<conf-acronym>会议名称缩写、<conf-num>会议届次、<conf-theme>会议主题、<string-conf>会议信息描述等
属性	gbt-7408-date GB/T 7408 格式日期 date-type 日期类型 calendar 日历类型
示例	<conf-date date-type="start" gbt-7408-date="2006-09-27" calendar="Chinese">2006 Sep 27</conf-date>

7.2.22　conf-id 会议标识符

中文名称	会议标识符
名称	conf-id
URI	https://spec.nstl.gov.cn/namespace/1.0/conf-id
定义	能够识别会议的标识符
注释	一个会议可有多个标识符，具体标识类型见属性 conf-id-type 定义。会议标识符生成规则见本部分的附录 A
描述	文本、数字或特殊字符

续表

相关元素	描述会议信息的相关元素：<conf-name>会议名称、<conf-acronym>会议名称缩写、<conf-date>会议日期、<conf-num>会议届次、<conf-theme>会议主题、<string-conf>会议信息描述等 描述标识符的相关元素：<source-id>来源唯一标识符、<article-id>单篇文献唯一标识符、<contrib-id>贡献者标识符、<institution-id>机构标识符、<award-id>基金项目标识符、<object-id>对象（图、表、附加资料、全文文件）标识符、<pub-id>出版物标识符
属性	conf-id-type 会议标识符的类型
示例	<conf-id conf-id-type="nstl_spec"> C2CON20161018042383683448118256A</conf-id> <conf-id conf-id-type="internal_id"> B2CON201608051811224198OB8ZCND93</conf-id>

7.2.23 conf-name 会议名称

中文名称	会议名称
名称	conf-name
URI	https://spec.nstl.gov.cn/namespace/1.0/conf-name
定义	会议正式名称的全称，包括修饰词，如"43rd Annual"
注释	会议名称不包括"Proceedings of"
描述	以下元素的任意组合： • 文本、数字或特殊字符 • <chem-struct>化学结构，元素出现 0 次或多次 • <mml:math>数学公式，元素出现 0 次或多次 • <sub>下标，元素出现 0 次或多次 • <sup>上标，元素出现 0 次或多次
相关元素	描述会议信息的相关元素：<conf-id>会议标识符、<conf-acronym>会议名称缩写、<conf-date>会议日期、<conf-num>会议届次、<conf-theme>会议主题、<string-conf>会议信息描述等
属性	conf-name-type 会议名称类型 specific-use 具体应用
示例	<conf-name conf-name-type="parent" specific-use="alternative">The 27th annual ACM SI/GUCCS conference</conf-name>

7.2.24　conf-num 会议届次

中文名称	会议届次
名称	conf-num
URI	https://spec.nstl.gov.cn/namespace/1.0/conf-num
定义	连续召开会议的序列号
注释	会议届次只包括数字，不包括后缀，如“The 19th XML/SGML Conference”，会议届次是 19
描述	以下元素的任意组合： • 文本、数字或特殊字符 • <chem-struct>化学结构，元素出现 0 次或多次 • <mml:math>数学公式，元素出现 0 次或多次 • <sub>下标，元素出现 0 次或多次 • <sup>上标，元素出现 0 次或多次
相关元素	描述会议信息的相关元素：<conf-id>会议标识符、<conf-name>会议名称、<conf-acronym>会议名称缩写、<conf-date>会议日期、<conf-theme>会议主题、<string-conf>会议信息描述等
属性	conf-num-type 会议届次类型
示例	<conf-num conf-num-type="session-num">27</conf-num>

7.2.25　conf-theme 会议主题

中文名称	会议主题
名称	conf-theme
URI	https://spec.nstl.gov.cn/namespace/1.0/conf-theme
定义	会议的主题、标语或主题领域
注释	会议的主题并不一定与会议名称有关，会议的名称可能具有连续性，但每一届次的会议主题可能不同
描述	以下元素的任意组合： • 文本、数字或特殊字符 • <chem-struct>化学结构，元素出现 0 次或多次 • <mml:math>数学公式，元素出现 0 次或多次 • <sub>下标，元素出现 0 次或多次 • <sup>上标，元素出现 0 次或多次
相关元素	描述会议信息的相关元素：<conf-id>会议标识符、<conf-name>会议名称、<conf-acronym>会议名称缩写、<conf-date>会议日期、<conf-num>会议届次、<string-conf>会议信息描述等

续表

属性	无
示例	<conf-theme> User services conference for university and college computing service organizations </conf-theme>

7.2.26 contrib-id 贡献者标识符

中文名称	贡献者标识符
名称	contrib-id
URI	https://spec.nstl.gov.cn/namespace/1.0/contrib-id
定义	能够识别贡献者的标识符
注释	贡献者标识符可能是通用标识符如 ORCID，也可能是来自某个机构或系统内部的标识符。具体标识类型见属性 contrib-id-type 的定义。贡献者标识符生成规则见本部分的附录 A
描述	文本、数字或特殊字符
相关元素	描述标识符的相关元素：<source-id>来源唯一标识符、<article-id>单篇文献唯一标识符、<institution-id>机构标识符、<conf-id>会议标识符、<award-id>基金项目标识符、<object-id>对象（图、表、附加资料、全文文件）标识符、<pub-id>出版物标识符
属性	contrib-id-type 贡献者标识符类型
示例	<contrib-id contrib-id-type="nstl_spec"> C2CTR20160805181122419OQU0A5JEFZ </contrib-id> <contrib-id contrib-id-type="internal_id"> B2CTR20160805181108010V57G2DPNKP </contrib-id> <contrib-id contrib-id-type="wos_dais_id">12674956 </contrib-id>

7.2.27 copyright-holder 版权所有者

中文名称	版权所有者
名称	copyright-holder
URI	https://spec.nstl.gov.cn/namespace/1.0/copyright-holder
定义	版权的所有者，可能是人，也可能是机构
注释	通常在版权声明<copyright-statement>中以文字方式描述了版权所有者，但为了检索或元数据抽取的目的，会在版权所有者<copyright-holder>元素中再单独描述一遍

续表

描述	以下元素的任意组合： • 文本、数字或特殊字符 • <chem-struct>化学结构，元素出现 0 次或多次 • <mml: math>数学公式，元素出现 0 次或多次 • <sub>下标，元素出现 0 次或多次 • <sup>上标，元素出现 0 次或多次
相关元素	描述使用权限的相关元素：<copyright-statement>版权声明、<copyright-year>版权年、<license-p>使用许可描述
属性	无
示例	<copyright-holder>Cambridge University Press</copyright-holder>

7. 2. 28　copyright-statement 版权声明

中文名称	版权声明
名称	copyright-statement
URI	https://spec. nstl. gov. cn/namespace/1. 0/copyright-statement
定义	资源的版权声明，明确在何种情况下可以使用
注释	版权声明通常会以文字描述方式涵盖版权所有者、版权年信息
描述	以下元素的任意组合： • 文本、数字或特殊字符 • <chem-struct>化学结构，元素出现 0 次或多次 • <mml: math>数学公式，元素出现 0 次或多次 • <sub>下标，元素出现 0 次或多次 • <sup>上标，元素出现 0 次或多次
相关元素	描述使用权限的相关元素：<copyright-year>版权年、<copyright-holder>版权所有者、<license-p>使用许可描述
属性	无
示例	<copyright-statement>Copyright© Cambridge University Press 2014</copyright-statement>

7. 2. 29　copyright-year 版权年

中文名称	版权年
名称	copyright-year
URI	https://spec. nstl. gov. cn/namespace/1. 0/copyright-year
定义	资源发布的年份

续表

注释	<copyright-year>描述版权年通常是为了检索或元数据抽取的目的。另外，版权年还可能以文字描述形式出现在<copyright-statement>中
描述	文本、数字或特殊字符
相关元素	描述使用权限的相关元素：<copyright-statement>版权声明、<copyright-holder>版权所有者、<license-p>使用许可描述
属性	无
示例	<copyright-year>2014</copyright-year>

7.2.30 count 总数

中文名称	总数
名称	count
URI	https://spec.nstl.gov.cn/namespace/1.0/count
定义	计算文献中可统计的任意对象的数量
注释	通过 count-type 属性描述统计对象，如图、表、参考文献、页码、贡献者等的数量
描述	文本、数字或特殊字符
相关元素	<counts>计数
属性	count-type 计数对象类型
示例	<counts> <count count-type="contributors">3</count> <count count-type="pages">12</count> </counts>

7.2.31 country 国家

中文名称	国家
名称	country
URI	https://spec.nstl.gov.cn/namespace/1.0/country
定义	国家名称，通常作为地址中的一部分
注释	<country>用来表达国家名称，其属性 country 采用 GB/T 2659 的 2 字母代码，表达国家的缩写
描述	文本、数字或特殊字符
相关元素	描述地址信息的相关元素：<addr-line>地址信息描述、<state>州或省、<city>城市、<postal-code>邮政编码

续表

属性	country 国家 xml: lang 语种
示例	<country country = "US" xml: lang = "en">The United States of America</country>

7.2.32　database-name 数据库名称

中文名称	数据库名称
名称	database-name
URI	https://spec.nstl.gov.cn/namespace/1.0/database-name
定义	文献所在的数据库的名称
注释	可能是订购数据库，也可能是非订购数据库
描述	以下元素的任意组合： • 文本、数字或特殊字符 • <chem-struct>化学结构，元素出现 0 次或多次 • <mml: math>数学公式，元素出现 0 次或多次 • <sub>下标，元素出现 0 次或多次 • <sup>上标，元素出现 0 次或多次
相关元素	描述数据库信息的相关元素：<baseurl>网站基地址、<object-id>对象标识符（数据库）、<abstract>摘要（数据库简介）
属性	无
示例	<database-name>Web of Science</database-name>

7.2.33　date 日期

中文名称	日期
名称	date
URI	https://spec.nstl.gov.cn/namespace/1.0/date
定义	描述与来源、单篇文献相关的历史日期及参考文献的出版日期等
注释	优选<date>表达日期，也可通过<day>、<month>、<year>等元素结构化方式表达
描述	以下元素按顺序出现： • 文本、数字或特殊字符 • 以下元素任选其一： 　○以下元素按顺序出现： 　　■<day>日，元素出现 0 次或 1 次 　　■<month>月份，元素出现 0 次或 1 次 　○<season>季度，元素出现 0 次或 1 次 • <year>年份，元素出现 0 次或 1 次

续表

相关元素	< day > 日、 < month > 月份、 < season > 季度、 < year > 年份
属性	date-type 日期类型 gbt-7408-date GB/T 7408 格式日期 publication-format 出版物格式 calendar 日历类型
示例	< date date-type = "created" gbt-7408-date = "2012-06-01" publication-format = "print" calendar = "Chinese" > < day > 01 < /day > < month > 06 < /month > < year > 2012 < /year > < /date >

7.2.34 day 日

中文名称	日
名称	day
URI	https://spec.nstl.gov.cn/namespace/1.0/day
定义	时间单元，通常作为日期的组成部分
注释	日期可通过年、年月、年月日等多种方式表达
描述	文本、数字或特殊字符
相关元素	描述日期的相关元素：< month > 月份、 < season > 季度、 < year > 年份
属性	无
示例	< day > 27 < /day >

7.2.35 degrees 学位

中文名称	学位
名称	degrees
URI	https://spec.nstl.gov.cn/namespace/1.0/degrees
定义	个人所获得的学术称号或专业认证，如学士、硕士、博士学位
注释	通常在贡献者姓名后使用
描述	文本、数字或特殊字符
相关元素	无
属性	无
示例	< degrees > Ph. D < /degrees >

7.2.36　elocation-id 电子位置标识符

中文名称	电子位置标识符
名称	elocation-id
URI	https://spec.nstl.gov.cn/namespace/1.0/elocation-id
定义	对于没有页码的电子版文献使用的位置标识
注释	取值可能是文献唯一标识符，如 DOI 等
描述	文本、数字或特殊字符
相关元素	描述页码的相关元素如 <fpage>起页、<lpage>止页等
属性	无
示例	<elocation-id>206117</elocation-id>

7.2.37　email 电子邮箱

中文名称	电子邮箱
名称	email
URI	https://spec.nstl.gov.cn/namespace/1.0/email
定义	电子邮件通信地址
注释	以电子邮件交换信息时的通信地址。在贡献者元素集中描述贡献者电子邮箱，在机构元素集中描述机构电子邮箱
描述	以下元素的任意组合： • 文本、数字或特殊字符 • <chem-struct>化学结构，元素出现 0 次或多次 • <mml:math>数学公式，元素出现 0 次或多次 • <sub>下标，元素出现 0 次或多次 • <sup>上标，元素出现 0 次或多次
相关元素	<phone>电话号码
属性	无
示例	<email>lioz.etgar@epfl.ch</email>

7.2.38　ext-link 外部链接

中文名称	外部链接
名称	ext-link
URI	https://spec.nstl.gov.cn/namespace/1.0/ext-link
定义	链接到外部文件或资源的链接

续表

注释	提供到外部资源的实时链接，并可指定链接方式和链接地址。在贡献者元素集中描述贡献者外部链接，在机构元素集中描述机构外部链接，在获取管理元素集中描述资源获取的外部链接，在参考文献元素集中描述参考文献的外部链接信息
描述	以下元素的任意组合： • 文本、数字或特殊字符 • <chem-struct>化学结构，元素出现0次或多次 • <mml: math>数学公式，元素出现0次或多次 • <sub>下标，元素出现0次或多次 • <sup>上标，元素出现0次或多次
相关元素	无
属性	ext-link-type 外部链接类型 content-type 内容类型 xlink: href 超链接
示例	<ext-link ext-link-type = "uri"content-type = "html" xlink. href = "http: //www. nap. edu/catalog. php?record_id#equal#13294" > http: //www. nap. edu/catalog. php?record_id#equal#13294 </ext-link>

7.2.39 fpage 起页

中文名称	起页
名称	fpage
URI	https: //spec. nstl. gov. cn/namespace/1. 0/fpage
定义	单篇文献的起始位置信息
注释	在单篇文献元数据中表示起始页码，在参考文献中表示参考文献的起始页码，在目录中表示章节起始页码。e-only 出版物通常没有页码，使用<elocation-id>元素代替<fpage>或<lpage>元素
描述	文本、数字或特殊字符
相关元素	与页码相关的元素：包括<fpage>起页，<lpage>止页，<elocation-id>代替起页和止页描述电子出版物，<page-range>记录了页码范围。需要说明的是：<page-range>是记录补充信息，不应替代<fpage>和<lpage>元素，这两个元素需要与参考文献中的进行匹配，<page-range>元素仅是文本型字符串，如“8-11，14-19，40”表示论文始于第8页至第11页后跳转到第14页至第19页，然后跳转到第40页结束
属性	seq 序号
示例	<fpage seq = "2" >8 </fpage>

7.2.40　full-name 全名

中文名称	全名
名称	full-name
URI	https://spec.nstl.gov.cn/namespace/1.0/full-name
定义	文献中显示的姓名全称
注释	<full-name>通常为文献中出现的贡献者全名，包含姓、名。在操作信息中，表示加工人员姓名
描述	以下元素的任意组合： • 文本、数字或特殊字符 • <chem-struct>化学结构，元素出现 0 次或多次 • <mml:math>数学公式，元素出现 0 次或多次 • <sub>下标，元素出现 0 次或多次 • <sup>上标，元素出现 0 次或多次
相关元素	描述姓名的相关元素：<surname>姓、<given-names>名
属性	specific-use 具体应用
示例	<full-name specific-use="pref">Fukumoto, Takafumi</full-name>

7.2.41　funding-statement 资助说明

中文名称	资助说明
名称	funding-statement
URI	https://spec.nstl.gov.cn/namespace/1.0/funding-statement
定义	对文献所属基金项目资助信息的描述
注释	资助说明包括资助机构、主要研究人员等信息
描述	以下元素的任意组合： • 文本、数字或特殊字符 • <chem-struct>化学结构，元素出现 0 次或多次 • <mml:math>数学公式，元素出现 0 次或多次 • <sub>下标，元素出现 0 次或多次 • <sup>上标，元素出现 0 次或多次
相关元素	描述资助信息的相关元素：<award-name>基金项目名称、<open-access>开放获取说明
属性	无

续表

示例	<funding-statement>The KEGG project is supported by the Institute for Bioinformatics Research and Development of the Japan Science and Technology Agency, the 21st Century COE program Genome Science, and a grant-in-aid for scientific research on the priority area from the Ministry of Education, Culture, Sports, Science and Technology of Japan. The computational resources were provided by the Bioinformatics Center, Institute for Chemical Research, Kyoto University. </funding-statement>

7.2.42 given-names 名

中文名称	名
名称	given-names
URI	https://spec.nstl.gov.cn/namespace/1.0/given-names
定义	名字，包括名、中间名等
注释	一个典型例子：姓名“John Q. Delancey Public”，<given-names>是“John Q. Delancey”，<surname>是“Public”。要注意在多个部分组成的姓名中，尽可能合理地划分姓和名。姓名首字母用属性 initials 表示 藏族、印度、缅甸的名字没有姓氏可以标记为<given-names>，不需要强行标出姓。西方化的姓名如“Pele”“Princess”“Babyface”“Aztek”标记为<surname>更准确
描述	以下元素的任意组合： • 文本、数字或特殊字符 • <chem-struct>化学结构，元素出现 0 次或多次 • <mml: math>数学公式，元素出现 0 次或多次 • <sub>下标，元素出现 0 次或多次 • <sup>上标，元素出现 0 次或多次
相关元素	描述姓名的相关元素：<surname>姓、<full-name>全名
属性	initials 姓名首字母
示例	<given-names initials="T">Takafumi</given-names>

7.2.43 graphic 图像

中文名称	图像
名称	graphic
URI	https://spec.nstl.gov.cn/namespace/1.0/graphic
定义	对外部静态图形文件的链接或描述

续表

注释	图像通常为二进制文件，通过超链接获取。在图元素集中描述图信息，在表元素集中描述以图形式存在的表
描述	文本、数字或特殊字符
相关元素	无
属性	xlink: href 超链接
示例	<graphic xlink. href = "graphic/cclm-2013-0581_fig1. jpg">fig1</graphic>

7.2.44　holding-number 馆藏号

中文名称	馆藏号
名称	holding-number
URI	https: //spec. nstl. gov. cn/namespace/1. 0/holding-number
定义	文献馆藏排架编号
注释	文献机构可自行定义馆藏号
描述	文本、数字或特殊字符
相关元素	无
属性	无
示例	<holding-number>LW032000</holding-number>

7.2.45　institution 机构

中文名称	机构
名称	institution
URI	https: //spec. nstl. gov. cn/namespace/1. 0/institution
定义	机构或组织的名称，如大学或公司
注释	可通过 content-type 属性表达机构类型和机构层级，见属性 content-type 的定义。可通过 specific-use 属性表达规范机构信息，见属性 specific-use 定义
描述	以下元素的任意组合： • 文本、数字或特殊字符 • <chem-struct>化学结构，元素出现 0 次或多次 • <mml: math>数学公式，元素出现 0 次或多次 • <sub>下标，元素出现 0 次或多次 • <sup>上标，元素出现 0 次或多次
相关元素	描述机构的相关元素：<institution-id>机构标识符等

续表

属性	xml: lang 语种 content-type 内容类型 specific-use 具体应用
示例	<institution xml: lang = "en" content-type = "edu" specific-use = "pref" > National Science and Technology library </institution>

7.2.46 institution-id 机构标识符

中文名称	机构标识符
名称	institution-id
URI	https: //spec. nstl. gov. cn/namespace/1. 0/institution-id
定义	能够识别机构的标识符
注释	一个机构可能有多个标识，既可以是通用标识符，如 Ringgold，也可以是机构或系统赋予的标识符。具体标识类型见属性 institution-id-type 定义。机构标识符生成规则见本部分的附录 A 当 institution-id-type 取值为“nstl_library_code”时，<institution-id>取值为馆藏机构代码，与其对应的<institution>取值为机构名称，如下： 馆藏机构代码　机构名称 CN111001　中国科学技术信息研究所 CN111013　机械工业信息研究院 CN111015　冶金工业信息标准研究院 CN111016　中国化工信息中心 CN111023　中国农业科学院农业信息研究所 CN111024　中国医学科学院医学信息研究所 CN311001　中国科学院文献情报中心 CN111025　中国标准化研究院 CN111031　中国计量科学研究院
描述	文本、数字或特殊字符
相关元素	描述标识符的相关元素：<source-id>来源唯一标识符、<article-id>单篇文献唯一标识符、<contrib-id>贡献者标识符、<conf-id>会议标识符、<award-id>基金项目标识符、<object-id>对象（图、表、附加资料、全文文件）标识符、<pub-id>出版物标识符
属性	institution-id-type 机构标识符类型

续表

示例	<institution-id institution-id-type = "nstl_spec" > C2INS20160805181024375M1YJFTUX49 </institution-id > <institution-id institution-id-type = "internal_id" > B2INS20160805181024209 1QEMDT5WYX </institution-id > <institution-id institution-id-type = "Ringgold" >1812 </institution-id >

7.2.47　isbn 国际标准书号

中文名称	国际标准书号
名称	isbn
URI	https: //spec. nstl. gov. cn/namespace/1. 0/isbn
定义	识别图书等文献的编号
注释	通过 publication-format 属性区分纸质版文献 isbn 和电子版文献 isbn
描述	文本、数字或特殊字符
相关元素	无
属性	publication-format 出版物格式
示例	<isbn publication-format = "print" >978-0-7354-1164-7 </isbn >

7.2.48　issn 国际标准连续出版物编号

中文名称	国际标准连续出版物编号
名称	issn
URI	https: //spec. nstl. gov. cn/namespace/1. 0/issn
定义	连续出版物的国际性唯一代码标识
注释	通过 publication-format 属性区分纸质版文献 issn 和电子版文献 issn
描述	文本、数字或特殊字符
相关元素	<issn-l > 连接 ISSN
属性	publication-format 出版物格式
示例	<issn publication-format = "print" >1614-6832 </issn >

7.2.49　issn-l 连接 ISSN

中文名称	连接 ISSN
名称	issn-l

续表

URI	https: //spec. nstl. gov. cn/namespace/1. 0/issn-l
定义	由 ISSN 中心指定的 issn 号，用于连接同一出版物不同载体的 issn 号
注释	无
描述	文本、数字或特殊字符
相关元素	< issn > 国际标准连续出版物编号
属性	无
示例	< issn publication-format = "print" > 0027-8424 < /issn > < issn publication-format = "electronic" > 1091-6490 < /issn > < issn-l > 0027-8424 < /issn-l >

7. 2. 50 issue 期

中文名称	期
名称	issue
URI	https: //spec. nstl. gov. cn/namespace/1. 0/issue
定义	依时间顺序发行的期次编号
注释	在有些元数据中，将单篇文献元数据分为 3 个部分：单篇文献部分、来源部分和卷期部分，在本元数据中，单篇文献部分放在 < article-meta > 中，来源部分和卷期部分放在 < source-meta > 中
描述	文本、数字或特殊字符
相关元素	描述期的相关元素：< issue-part > 分期、< issue-total > 总期、< supplement > 增期、< string-issue > 期信息描述
属性	无
示例	< issue > 1 < /issue >

7. 2. 51 issue-part 分期

中文名称	分期
名称	issue-part
URI	https: //spec. nstl. gov. cn/namespace/1. 0/issue-part
定义	期刊按专题又分为若干分辑的期信息
注释	无
描述	文本、数字或特殊字符
相关元素	描述期的相关元素：< issue > 期、< issue-total > 总期、< supplement > 增期、< string-issue > 期信息描述

续表

属性	无
示例	<issue-part>Pt. 1-2</issue-part>

7.2.52　issue-total 总期

中文名称	总期
名称	issue-total
URI	https://spec.nstl.gov.cn/namespace/1.0/issue-total
定义	创刊以来总共出版的期数信息
注释	无
描述	文本、数字或特殊字符
相关元素	描述期的相关元素：<issue>期、<issue-part>分期、<supplement>增期、<string-issue>期信息描述
属性	无
示例	<issue-total>10</issue-total>

7.2.53　kwd 关键词

中文名称	关键词
名称	kwd
URI	https://spec.nstl.gov.cn/namespace/1.0/kwd
定义	概括文献内容的自然语言中未受控制或做少量控制的词
注释	关键词可能是作者创建的关键词也可能是出版商给出的，可用于检索、识别和索引等
描述	以下元素的任意组合： • 文本、数字或特殊字符 • <chem-struct>化学结构，元素出现 0 次或多次 • <mml:math>数学公式，元素出现 0 次或多次 • <sub>下标，元素出现 0 次或多次 • <sup>上标，元素出现 0 次或多次
相关元素	无
属性	content-type 内容类型
示例	<kwd content-type="text">reference change value</kwd>

7.2.54 level 加工深度

中文名称	加工深度
名称	level
URI	https://spec.nstl.gov.cn/namespace/1.0/level
定义	文献内容的揭示深度标识
注释	加工深度以代码表示，可根据需要自行定义。NSTL 加工深度代码如下： 0 表示不加工，1 表示加工目次，2 表示加工文摘，3 表示加工引文，4 表示加工全文
描述	文本、数字或特殊字符
相关元素	<mode>加工方式
属性	无
示例	<level>2</level>

7.2.55 license-p 使用许可描述

中文名称	使用许可描述
名称	license-p
URI	https://spec.nstl.gov.cn/namespace/1.0/license-p
定义	在<license>中描述使用许可信息的文本段落
注释	此元素只出现在<license>元素中
描述	以下元素的任意组合： • 文本、数字或特殊字符 • <chem-struct>化学结构，元素出现 0 次或多次 • <mml:math>数学公式，元素出现 0 次或多次 • <sub>下标，元素出现 0 次或多次 • <sup>上标，元素出现 0 次或多次
相关元素	描述使用权限的相关元素：<copyright-statement>版权声明、<copyright-year>版权年、<copyright-holder>版权所有者
属性	无
示例	<license-p>This is an open access article distributed under the Creative Commons Attribution License.</license-p>

7.2.56 lpage 止页

中文名称	止页
名称	lpage

续表

URI	https://spec.nstl.gov.cn/namespace/1.0/lpage
定义	单篇文献的结束页码
注释	在两种情况下使用，一是作为单篇文献元数据的一部分，二是作为参考文献的一部分。e-only 出版物通常没有页码信息，使用 <elocation-id>代替
描述	文本、数字或特殊字符
相关元素	与页码相关的元素：包括<fpage>起页，<lpage>止页，<elocation-id>代替起页和止页描述电子出版物，<page-range>记录页码范围。需要说明的是：<page-range>是记录补充信息，不应替代<fpage>和<lpage>元素，这两个元素需要与参考文献中的进行匹配，<page-range>元素仅是文本型字符串，如“8-11，14-19，40”表示论文始于第 8 页至第 11 页后跳转到第 14 页至第 19 页，然后跳转到第 40 页结束
属性	无
示例	<lpage>41</lpage>

7.2.57　major 专业

中文名称	专业
名称	major
URI	https://spec.nstl.gov.cn/namespace/1.0/major
定义	学位所属专业名称
注释	高等院校或中专院校的学业门类
描述	文本、数字或特殊字符
相关元素	<research-subject>研究方向
属性	无
示例	<major>library and information science</major>

7.2.58　mixed-citation 参考文献原始信息

中文名称	参考文献原始信息
名称	mixed-citation
URI	https://spec.nstl.gov.cn/namespace/1.0/mixed-citation
定义	一条参考文献的原始完整信息
注释	参考文献原文信息，包含标点和空格

续表

描述	以下元素的任意组合： • 文本、数字或特殊字符 • <chem-struct>化学结构，元素出现 0 次或多次 • <mml: math>数学公式，元素出现 0 次或多次 • <sub>下标，元素出现 0 次或多次 • <sup>上标，元素出现 0 次或多次
相关元素	描述参考文献的相关信息：<pub-id>出版物标识符、<article-title>题名、<source-title>来源题名等
属性	无
示例	<mixed-citation>Hatsukami DK, Benowitz NL, Rennard SO, Oncken C, Hecht SS. Biomarkers to assess the utility of potential reduced exposure tobacco products. Nicotine Tob Res 2006, 8: 600-622. </mixed-citation>

7.2.59 mode 加工方式

中文名称	加工方式
名称	mode
URI	https://spec.nstl.gov.cn/namespace/1.0/mode
定义	记录形成方式说明
注释	以代码方式表示。"key in"表示人工录入数据，"OCR"表示扫描识别，"CD_download"表示从光盘下载数据，"web_download"表示从网上下载数据，"import"表示外部导入，"other"表示其他方式
描述	文本、数字或特殊字符
相关元素	<level>加工深度
属性	无
示例	<mode>key in</mode>

7.2.60 month 月份

中文名称	月份
名称	month
URI	https://spec.nstl.gov.cn/namespace/1.0/month
定义	月份，通常作为日期的组成部分
注释	日期可通过年、年月、年月日、年月日时分秒等多种方式表达

续表

描述	文本、数字或特殊字符
相关元素	描述日期的相关元素：<day>日、<season>季度、<year>年份
属性	无
示例	<month>03</month>

7.2.61　notes 注释

中文名称	注释
名称	notes
URI	https://spec.nstl.gov.cn/namespace/1.0/notes
定义	对来源或单篇文献的说明性内容
注释	在来源元素集中对来源相关信息进行注释说明，如来源的版本、更新频率、历史沿革描述；在单篇文献元素集中对单篇文献相关信息进行注释说明，如单篇文献的作者简介等。如果元素<notes>上的属性取值为"edition"，则<notes>取值可以是：1st、2nd、3rd、4th 等，即第 1 版、第 2 版、第 3 版、第 4 版等
描述	以下元素的任意组合： • 文本、数字或特殊字符 • <chem-struct>化学结构，元素出现 0 次或多次 • <mml:math>数学公式，元素出现 0 次或多次 • <sub>下标，元素出现 0 次或多次 • <sup>上标，元素出现 0 次或多次
相关元素	无
属性	notes-type 注释类型
示例	<notes notes-type="author-notes"> Corresponding author: Oscar M. Camacho, Group Research and Development, British American Tobacco, Regents Park Road, Southampton, SO15 8TL, UK </notes> <notes notes-type="edition">2nd</notes>

7.2.62　object-id 对象标识符

中文名称	对象标识符
名称	object-id
URI	https://spec.nstl.gov.cn/namespace/1.0/object-id

续表

定义	文献中图、表、全文文件、附加资料等的标识符（DOI 或 URI 等）
注释	<object-id>可用来表示图、表、全文文件、附加资料、数据库的标识符。对象标识符的标识类型见属性 pub-id-type 的定义
描述	文本、数字或特殊字符
相关元素	描述标识符的相关元素：<source-id>来源唯一标识符、<article-id>单篇文献唯一标识符、<contrib-id>贡献者标识符、<institution-id>机构标识符、<conf-id>会议标识符、<award-id>基金项目标识符、<pub-id>出版物标识符
属性	pub-id-type 出版物唯一标识类型
示例	<object-id pub-id-type = "internal_id"> B2FIG20160805181028697FZAJT8F2RF </object-id>

7.2.63 open-access 开放获取说明

中文名称	开放获取说明
名称	open-access
URI	https://spec.nstl.gov.cn/namespace/1.0/open-access
定义	文献或资助信息在开放获取方面的说明
注释	此元素主要用于在使用许可元素及其他元素没有开放获取信息描述的情况。如果文献中提到这是一篇开放获取文献，需用使用许可元素。此元素用于资助信息描述中，主要是描述文献能够开放获取的费用支付方
描述	文本、数字或特殊字符
相关元素	描述资助信息的相关元素：<award-name>基金项目名称、<funding-statement>资助说明
属性	无
示例	<open-access> Funding to pay the Open Access publication charges for this article was provided by the grant-in-aid for scientific research. </open-access>

7.2.64 page-range 页码范围

中文名称	页码范围
名称	page-range
URI	https://spec.nstl.gov.cn/namespace/1.0/page-range

续表

定义	单篇文献起止页，包括间断页码，如“8-11，14-19，40”
注释	页码范围“8-11，14-19，40”表示论文始于第8页至第11页后跳转到第14页至第19页，然后跳转到第40页结束。<page-range>元素是记录补充信息，不能替代<fpage>和<lpage>元素
描述	文本、数字或特殊字符
相关元素	与页码相关的元素：包括<fpage>起页，<lpage>止页，<elocation-id>代替起页和止页描述电子出版物，<page-range>记录页码范围。需要说明的是：<page-range>是记录补充信息，不应替代<fpage>和<lpage>元素，这两个元素需要与参考文献中的进行匹配，<page-range>元素仅是文本型字符串，如“8-11，14-19，40”表示论文始于第8页至第11页后跳转到第14页至第19页，然后跳转到第40页结束
属性	无
示例	<page-range>100-101，105，107-120</page-range>

7.2.65 phone 电话号码

中文名称	电话号码
名称	phone
URI	https://spec.nstl.gov.cn/namespace/1.0/phone
定义	电话号码
注释	通常是指固定电话。在贡献者元素集中描述贡献者电话号码，在机构元素集中描述机构电话号码
描述	以下元素的任意组合： • 文本、数字或特殊字符 • <chem-struct>化学结构，元素出现0次或多次 • <mml:math>数学公式，元素出现0次或多次 • <sub>下标，元素出现0次或多次 • <sup>上标，元素出现0次或多次
相关元素	<email>电子邮箱
属性	无
示例	<phone>(617) 495-1000</phone>

7.2.66 postal-code 邮政编码

中文名称	邮政编码
名称	postal-code
URI	https://spec.nstl.gov.cn/namespace/1.0/postal-code
定义	邮政部门为了分拣、投递方便，按地区编写的号码
注释	也可用 zip-code 表示，此元素通常是地址的一部分
描述	文本、数字或特殊字符
相关元素	描述地址信息的相关元素：<addr-line>地址信息描述、<country>国家、<state>州或省、<city>城市
属性	无
示例	<postal-code>CH-1015</postal-code>

7.2.67 prefix 姓名前缀

中文名称	姓名前缀
名称	prefix
URI	https://spec.nstl.gov.cn/namespace/1.0/prefix
定义	姓名之前的敬语或其他限定符
注释	如 Dr.，Sir.，尊敬的等
描述	以下元素的任意组合： • 文本、数字或特殊字符 • <chem-struct>化学结构，元素出现 0 次或多次 • <mml:math>数学公式，元素出现 0 次或多次 • <sub>下标，元素出现 0 次或多次 • <sup>上标，元素出现 0 次或多次
相关元素	<suffix>姓名后缀
属性	无
示例	<prefix>Dr. </prefix>

7.2.68 process-date 操作日期

中文名称	操作日期
名称	process-date
URI	https://spec.nstl.gov.cn/namespace/1.0/process-date
定义	文献的操作处理日期

续表

注释	文献在数据库中形成、更新的日期等
描述	文本、数字或特殊字符
相关元素	无
属性	date-type 日期类型 gbt-7408-date GB/T 7408 格式日期 calendar 日历类型
示例	<process-date date-type = "created" gbt-7408-date = "2015-09-27" calendar = "Chinese" >2015-09-27 </process-date >

7.2.69　pub-date 出版日期

中文名称	出版日期
名称	pub-date
URI	https://spec.nstl.gov.cn/namespace/1.0/pub-date
定义	描述文献出版日期信息
注释	优选 <pub-date> 表达出版日期，也可通过 <day>、<month>、<year> 等元素结构化方式表达 使用 publication-format 属性表示出版物格式，如印本或电子。用 date-type 属性表示日期类型
描述	以下元素的任意组合： • 文本、数字或特殊字符 • <day> 日，元素出现 0 次或 1 次 • <month> 月份，元素出现 0 次或 1 次 • <season> 季度，元素出现 0 次或 1 次 • <year> 年份，元素出现 0 次或 1 次
相关元素	描述日期的相关元素：<day> 日、<month> 月份、<season> 季度、<year> 年份
属性	date-type 日期类型 gbt-7408-date GB/T 7408 格式日期 publication-format 出版物格式 calendar 日历类型
示例	<pub-date publication-format = "print" date-type = "pub" gbt-7408-date = "2009-03-27" calendar = "Chinese" > <day>27</day> <month>03</month> <year>2009</year> </pub-date>

7.2.70 pub-id 出版物标识符

中文名称	出版物标识符
名称	pub-id
URI	https://spec.nstl.gov.cn/namespace/1.0/pub-id
定义	在参考文献中使用的标识符
注释	出版物标识符既可能是通用标识符，如 doi、pii 等，也可能是机构或系统赋予的标识符。具体标识类型见属性 pub-id-type 的定义。出版物标识符生成规则见本部分的附录 A
描述	文本、数字或特殊字符
相关元素	描述标识符的相关元素：<source-id>来源唯一标识符、<article-id>单篇文献唯一标识符、<contrib-id>贡献者标识符、<institution-id>机构标识符、<conf-id>会议标识符、<award-id>基金项目标识符、<object-id>对象（图、表、附加资料、全文文件）标识符
属性	pub-id-type 出版物标识符类型
示例	<pub-id pub-id-type="internal_id"> B2REF20160805181108037XP5E18KVJF</pub-id> <pub-id pub-id-type="doi">10.15252/embr.201439076</pub-id> <pub-id pub-id-type="pmid">6848276</pub-id>

7.2.71 research-subject 研究方向

中文名称	研究方向
名称	research-subject
URI	https://spec.nstl.gov.cn/namespace/1.0/research-subject
定义	研究人员的研究领域或专业方向
注释	如果是学位论文，研究方向与学位论文上描述一致
描述	文本、数字或特殊字符
相关元素	<major>专业
属性	无
示例	<research-subject>informatics</research-subject>

7.2.72 role 职称职务

中文名称	职称职务
名称	role
URI	https://spec.nstl.gov.cn/namespace/1.0/role

续表

定义	贡献者的职称或职务
注释	用于描述贡献者的职称或职务，也可对贡献者类型做补充说明，例如，<contrib>元素的 contrib-type 属性有“editor”的属性值，而<role>中的内容可以是“Associate Editor”。<contrib>元素的 contrib-type 属性是“author”，<role>中可以是“Principal Author”
描述	以下元素的任意组合： • 文本、数字或特殊字符 • <chem-struct>化学结构，元素出现 0 次或多次 • <mml: math>数学公式，元素出现 0 次或多次 • <sub>下标，元素出现 0 次或多次 • <sup>上标，元素出现 0 次或多次
相关元素	无
属性	无
示例	<role>Researcher</role>

7.2.73　season 季度

中文名称	季度
名称	season
URI	https://spec.nstl.gov.cn/namespace/1.0/season
定义	如春季、夏季、秋季、冬季
注释	无
描述	文本、数字或特殊字符
相关元素	描述日期的元素<day>日、<month>月份、<year>年份
属性	无
示例	<season>summer</season>

7.2.74　series 丛书题名

中文名称	丛书题名
名称	series
URI	https://spec.nstl.gov.cn/namespace/1.0/series
定义	由很多书组成的一套书的题名
注释	丛书题名可从文献（图书、期刊等）的不同位置选取，通常有丛书、丛刊、丛编、文丛、译丛等字样

续表

描述	以下元素的任意组合： • 文本、数字或特殊字符 • <chem-struct>化学结构，元素出现0次或多次 • <mml: math>数学公式，元素出现0次或多次 • <sub>下标，元素出现0次或多次 • <sup>上标，元素出现0次或多次
相关元素	<source-title>来源题名
属性	无
示例	<series>Marine Ecology Progress Series</series>

7.2.75 size 大小

中文名称	大小
名称	size
URI	https://spec.nstl.gov.cn/namespace/1.0/size
定义	全文文件的大小
注释	表示全文电子文件的大小、尺寸等物理特征。使用units属性表示计量单位（如分钟、小时、页码、MB等）
描述	文本、数字或特殊字符
相关元素	无
属性	specific-use 具体应用 units 测量单位
示例	<size specific-use="published-version" units="pages">8</size>

7.2.76 source-id 来源唯一标识符

中文名称	来源唯一标识符
名称	source-id
URI	https://spec.nstl.gov.cn/namespace/1.0/source-id
定义	能够唯一识别来源的标识符
注释	来源描述以“本”为单位，如果来源类型为期刊，来源唯一标识符默认为期唯一标识符。同时，来源唯一标识符也可包括品种唯一标识符、卷唯一标识符。来源唯一标识符既可能是通用标识符，如doi，也可能是机构或系统赋予的唯一标识符。具体标识类型见属性source-id-type的定义。来源唯一标识符生成规则见本部分的附录A

续表

描述	文本、数字或特殊字符
相关元素	描述标识符的相关元素：<article-id>单篇文献唯一标识符、<contrib-id>贡献者标识符、<institution-id>机构标识符、<conf-id>会议标识符、<award-id>基金项目标识符、<object-id>对象（图、表、附加资料、全文文件）标识符、<pub-id>出版物标识符
属性	source-id-type 来源唯一标识符类型
示例	<source-id source-id-type = "nstl_spec">A3SRC20160309101530123448118256A </source-id>

7.2.77　source-subtitle 来源副题名

中文名称	来源副题名
名称	source-subtitle
URI	https://spec.nstl.gov.cn/namespace/1.0/source-subtitle
定义	来源的从属题名
注释	对来源题名进行补充或解释说明
描述	以下元素的任意组合： • 文本、数字或特殊字符 • <chem-struct>化学结构，元素出现 0 次或多次 • <mml:math>数学公式，元素出现 0 次或多次 • <sub>下标，元素出现 0 次或多次 • <sup>上标，元素出现 0 次或多次
相关元素	描述来源题名的相关元素：<source-title>来源题名、<abbrev-source-title>来源题名缩写、<trans-source>来源题名译名
属性	xml:lang 语种
示例	<source-subtitle xml:lang = "en">The magazine to the world's airlines and airports </source-subtitle>

7.2.78　source-title 来源题名

中文名称	来源题名
名称	source-title
URI	https://spec.nstl.gov.cn/namespace/1.0/source-title
定义	原语种来源题名的全称
注释	来源题名在两种场景下使用，一种是来源元数据中，一种是参考文献中

续表

描述	以下元素的任意组合： • 文本、数字或特殊字符 • <chem-struct>化学结构，元素出现0次或多次 • <mml: math>数学公式，元素出现0次或多次 • <sub>下标，元素出现0次或多次 • <sup>上标，元素出现0次或多次
相关元素	描述来源题名的相关元素：<source-subtitle>来源副题名、<abbrev-source-title>来源题名缩写、<trans-source>来源题名译名
属性	xml: lang 语种 specific-use 具体应用
示例	<source-title specific-use = "pref" xml: lang = "en" > ADVANCED ENERGY MATERIALS </source-title>

7.2.79 source-type 来源类型

中文名称	来源类型
名称	source-type
URI	https://spec. nstl. gov. cn/namespace/1. 0/source-type
定义	来源的出版类型，如期刊、会议录等
注释	由字母或数字组成的代码，具有唯一性 可自行定义 NSTL定义的来源类型及代码列举如下： 来源类型：名称类型代码 • journal：期刊 • proceedings：会议录 • book：专著 • series：丛书 • collection：文集汇编 • reference material：工具书 • course：课程
描述	文本、数字或特殊字符
相关元素	<article-type>单篇文献类型
属性	xml: lang 语种
示例	<source-type xml: lang = "en">journal</source-type>

7.2.80　state 州或省

中文名称	州或省
名称	state
URI	https://spec.nstl.gov.cn/namespace/1.0/state
定义	比国家级别低，但比城市、县、区级别高的行政单位
注释	此元素名称会因国家不同而不同，通常被用在地址或位置元素
描述	文本、数字或特殊字符
相关元素	描述地址信息的相关元素：<addr-line>地址信息描述、<country>国家、<city>城市、<postal-code>邮政编码
属性	无
示例	<state>Kanagawa</state>

7.2.81　string-conf 会议信息描述

中文名称	会议信息描述
名称	string-conf
URI	https://spec.nstl.gov.cn/namespace/1.0/string-conf
定义	会议名称的文本型描述，如“The Learned Society's Conference on What's Hot at the University of Wherever on 21-27 July 2011”
注释	如果可能，会议信息尽量采用<conf-name>、<conf-date>等结构化方式表达
描述	以下元素的任意组合： • 文本、数字或特殊字符 • <chem-struct>化学结构，元素出现 0 次或多次 • <mml:math>数学公式，元素出现 0 次或多次 • <sub>下标，元素出现 0 次或多次 • <sup>上标，元素出现 0 次或多次
相关元素	描述会议信息的相关元素：<conf-id>会议标识符、<conf-name>会议名称、<conf-acronym>会议名称缩写、<conf-date>会议日期、<conf-num>会议届次、<conf-theme>会议主题等
属性	无
示例	<string-conf>AANEM, OCT 16-19, 2013, San Antonio, TX</string-conf>

7.2.82 string-issue 期信息描述

中文名称	期信息描述
名称	string-issue
URI	https://spec.nstl.gov.cn/namespace/1.0/string-issue
定义	期的文本型描述
注释	以文本方式记录有关期的信息，可能是期与总期关系的说明，也可能是对期信息的其他说明
描述	文本、数字或特殊字符
相关元素	描述期的相关元素：<issue>期、<issue-part>分期、<issue-total>总期、<supplement>增期
属性	无
示例	<string-issue>8/9</string-issue>

7.2.83 subject 主题词

中文名称	主题词
名称	subject
URI	https://spec.nstl.gov.cn/namespace/1.0/subject
定义	描述来源或单篇文献的主题词
注释	采用受控词表标识
描述	以下元素的任意组合： • 文本、数字或特殊字符 • <chem-struct>化学结构，元素出现0次或多次 • <mml:math>数学公式，元素出现0次或多次 • <sub>下标，元素出现0次或多次 • <sup>上标，元素出现0次或多次
相关元素	<classification>分类号
属性	content-type 内容类型
示例	<subject content-type="text">DNA Microarrays</subject>

7.2.84 subtitle 副题名

中文名称	副题名
名称	subtitle
URI	https://spec.nstl.gov.cn/namespace/1.0/subtitle

续表

定义	原语种单篇文献的副题名
注释	单篇文献的副题名和题名分别使用 <subtitle> 和 <article-title> 来表达，副题名对题名起到补充或解释说明的作用
描述	以下元素的任意组合： • 文本、数字或特殊字符 • <chem-struct> 化学结构，元素出现 0 次或多次 • <mml: math> 数学公式，元素出现 0 次或多次 • <sub> 下标，元素出现 0 次或多次 • <sup> 上标，元素出现 0 次或多次
相关元素	描述单篇文献题名相关元素：<article-title> 题名、<alt-title> 交替题名、<trans-title> 题名译名和 <trans-subtitle> 副题名译名
属性	xml: lang 语种
示例	<subtitle xml: lang = "en"> The Final Recount </subtitle>

7.2.85　suffix 姓名后缀

中文名称	姓名后缀
名称	suffix
URI	https: //spec. nstl. gov. cn/namespace/1. 0/suffix
定义	姓名后的修饰语如 Sr.，Jr.，Ⅲ，3rd
注释	<suffix> 元素必须当作姓名的一部分来用，学位不在此表达。像 Ph.D、DDS，使用元素 <degrees> 描述
描述	以下元素的任意组合： • 文本、数字或特殊字符 • <chem-struct> 化学结构，元素出现 0 次或多次 • <mml: math> 数学公式，元素出现 0 次或多次 • <sub> 下标，元素出现 0 次或多次 • <sup> 上标，元素出现 0 次或多次
相关元素	<prefix> 姓名前缀
属性	无
示例	<suffix> Jr. </suffix>

7.2.86 supplement 增期

中文名称	增期
名称	supplement
URI	https://spec.nstl.gov.cn/namespace/1.0/supplement
定义	在正常刊期外出版的增刊期信息
注释	无
描述	以下元素的任意组合： • 文本、数字或特殊字符 • <chem-struct>化学结构，元素出现0次或多次 • <mml:math>数学公式，元素出现0次或多次 • <sub>下标，元素出现0次或多次 • <sup>上标，元素出现0次或多次
相关元素	描述期的相关元素：<issue>期、<issue-part>分期、<issue-total>总期、<string-issue>增期
属性	无
示例	<supplement>1</supplement>

7.2.87 surname 姓

中文名称	姓
名称	surname
URI	https://spec.nstl.gov.cn/namespace/1.0/surname
定义	贡献者的姓
注释	应注意按不同的风格将多部分组成的姓名划分为姓<surname>和名<given-names>，用initials属性表示首字母。藏族、印度、缅甸的名字没有姓氏可以标记为<given-names>，不需要强行标出姓。西方化的姓名如“Pele”“Princess”“Babyface”“Aztek”标记为姓更准确
描述	以下元素的任意组合： • 文本、数字或特殊字符 • <chem-struct>化学结构，元素出现0次或多次 • <mml:math>数学公式，元素出现0次或多次 • <sub>下标，元素出现0次或多次 • <sup>上标，元素出现0次或多次
相关元素	描述姓名的相关元素：<full-name>全名、<given-names>名

续表

属性	initials 首字母
示例	<surname initials = "F" >Fukumoto </surname>

7.2.88　td 标准单元格

中文名称	标准单元格
名称	td
URI	https://spec.nstl.gov.cn/namespace/1.0/td
定义	包含数据的单元格，td 为 Table Data（表格数据）的缩写
注释	<th>为表头单元格，<td>为标准单元格
描述	以下元素的任意组合： • 文本、数字或特殊字符 • <chem-struct>化学结构，元素出现 0 次或多次 • <mml:math>数学公式，元素出现 0 次或多次 • <sub>下标，元素出现 0 次或多次 • <sup>上标，元素出现 0 次或多次
相关元素	<th>表头单元格
属性	无
示例	<td>January </td> <td>$100 </td>

7.2.89　th 表头单元格

中文名称	表头单元格
名称	th
URI	https://spec.nstl.gov.cn/namespace/1.0/th
定义	包含表头信息的单元格
注释	<th>为表头单元格，<td>为标准单元格
描述	以下元素的任意组合： • 文本、数字或特殊字符 • <chem-struct>化学结构，元素出现 0 次或多次 • <mml:math>数学公式，元素出现 0 次或多次 • <sub>下标，元素出现 0 次或多次 • <sup>上标，元素出现 0 次或多次
相关元素	<td>标准单元格

续表

属性	无
示例	<th>Group</th> <th>HPMA<hr/></th>

7.2.90 title 章节题名

中文名称	章节题名
名称	title
URI	https://spec.nstl.gov.cn/namespace/1.0/title
定义	目录中的章节题名
注释	用于标注目录中的章节题名，不适用于标注单篇文献题名或来源题名
描述	以下元素的任意组合： • 文本、数字或特殊字符 • <chem-struct>化学结构，元素出现 0 次或多次 • <mml:math>数学公式，元素出现 0 次或多次 • <sub>下标，元素出现 0 次或多次 • <sup>上标，元素出现 0 次或多次
相关元素	无
属性	无
示例	<title>引言</title>

7.2.91 trans-abstract 其他语种摘要

中文名称	其他语种摘要
名称	trans-abstract
URI	https://spec.nstl.gov.cn/namespace/1.0/trans-abstract
定义	文献摘要，使用语种与正文不同
注释	无
描述	以下元素的任意组合： • 文本、数字或特殊字符 • <chem-struct>化学结构，元素出现 0 次或多次 • <mml:math>数学公式，元素出现 0 次或多次 • <sub>下标，元素出现 0 次或多次 • <sup>上标，元素出现 0 次或多次
相关元素	<abstract>摘要

续表

属性	xml: lang 语种
示例	< trans-abstract xml: lang = " fr " > Claude Dufresne, 51 ans, en proieà son deuxiè meinfarctus du myocarde, est arrivé trop tard de six minutesà l' urgence du Centre hospitalier du Centre-de-la-Mauricie, hô pital de 142 lits de Shawinigan-Sud. Les portes del' urgenceé taient en effet fermé es pour la nu-it, parce qu' aucun des 60 mé decins de famille ou internistesde l' hô pi-tal n' é tait disponible pour assurerle service. M. Dufresne est dé cé dé en cheminvers la salle d' urgence ouverte la plus prè s, à quelque 30 minutes de là < /trans-abstract >

7.2.92 trans-source 来源题名译名

中文名称	来源题名译名
名称	trans-source
URI	https: //spec. nstl. gov. cn/namespace/1. 0/trans-source
定义	描述其他语种的来源题名
注释	如果有多个不同语种的来源题名，必须选择一个作为来源题名，其他作为来源题名译名
描述	以下元素的任意组合： • 文本、数字或特殊字符 • < chem-struct > 化学结构，元素出现 0 次或多次 • < mml: math > 数学公式，元素出现 0 次或多次 • < sub > 下标，元素出现 0 次或多次 • < sup > 上标，元素出现 0 次或多次
相关元素	描述来源题名相关元素：< source-title > 来源题名、< source-subtitle > 来源副题名、< abbrev-source-title > 来源题名缩写
属性	xml: lang 语种
示例	< trans-source xml: lang = "fr" > La Loi 114 du Qué bec < /trans-source >

7.2.93 trans-subtitle 副题名译名

中文名称	副题名译名
名称	trans-subtitle
URI	https: //spec. nstl. gov. cn/namespace/1. 0/trans-subtitle
定义	描述其他语种的单篇文献副题名

续表

注释	<trans-title-group>包含<trans-title>和<trans-subtitle>，属性 xml: lang 仅放在<trans-title-group>中，即一个<trans-title-group>只能表达同语种译名
描述	以下元素的任意组合： • 文本、数字或特殊字符 • <chem-struct>化学结构，元素出现 0 次或多次 • <mml: math>数学公式，元素出现 0 次或多次 • <sub>下标，元素出现 0 次或多次 • <sup>上标，元素出现 0 次或多次
相关元素	描述单篇文献题名相关元素：<article-title>题名、<subtitle>副题名、<alt-title>交替题名、<trans-title>题名译名
属性	无
示例	<trans-subtitle>Claude Dufresne</trans-subtitle>

7.2.94 trans-title 题名译名

中文名称	题名译名
名称	trans-title
URI	https://spec.nstl.gov.cn/namespace/1.0/trans-title
定义	描述其他语种的单篇文献题名
注释	如果单篇文献有多种不同语种题名，选择与正文语种相同的作为正题名，其他为译名。<trans-title-group>包含<trans-title>和<trans-subtitle>，属性 xml: lang 仅放在<trans-title-group>元素中，即一个<trans-title-group>只能表达同语种译名。但在参考文献中，属性 xml: lang 放在<trans-title>上
描述	以下元素的任意组合： • 文本、数字或特殊字符 • <chem-struct>化学结构，元素出现 0 次或多次 • <mml: math>数学公式，元素出现 0 次或多次 • <sub>下标，元素出现 0 次或多次 • <sup>上标，元素出现 0 次或多次
相关元素	描述单篇文献题名相关元素：<article-title>题名、<subtitle>副题名、<alt-title>交替题名、<trans-subtitle>副题名译名
属性	无
示例	<trans-title>La Loi 114 du Qué bec</trans-title>

7.2.95　volume 卷

中文名称	卷
名称	volume
URI	https://spec.nstl.gov.cn/namespace/1.0/volume
定义	刊物从创刊年度开始按年度顺序逐年累加的编年号
注释	一般来说，期刊是有卷号和期号的，但也有些期刊只有期号而没有卷号，而是以其出版年作为卷号
描述	文本、数字或特殊字符
相关元素	<volume-series>丛卷
属性	无
示例	<volume>1</volume>

7.2.96　volume-series 丛卷

中文名称	丛卷
名称	volume-series
URI	https://spec.nstl.gov.cn/namespace/1.0/volume-series
定义	由多卷按一定顺序（如时间顺序）排列组成
注释	期刊多卷共用一个编号
描述	文本、数字或特殊字符
相关元素	<volume>卷
属性	无
示例	<volume-series>1</volume-series>

7.2.97　year 年份

中文名称	年份
名称	year
URI	https://spec.nstl.gov.cn/namespace/1.0/year
定义	年份，通常作为日期的组成部分
注释	日期可以用年、年月、年月日、年月日时分秒等不同方式表达
描述	文本、数字或特殊字符
相关元素	描述日期的相关元素：<day>日、<month>月份、<season>季度
属性	无
示例	<year>2013</year>

8 辅助性元素

辅助性元素对描述性元素进行封装。一方面便于计算机对数据进行形式化的描述，另一方面便于计算机对数据进行逻辑上的理解和处理。

8.1 access-group 获取管理

中文名称	获取管理
名称	access-group
URI	https://spec.nstl.gov.cn/namespace/1.0/access-group
定义	对资源的可获取方式、使用权限等进行封装的元素
注释	资源的可获取方式包括馆藏、数据库、开放链接等。使用权限包括版权年、版权声明、版权所有者、使用许可等信息
描述	以下元素按顺序出现： • 以下元素的任意组合： ○ <holding>馆藏信息，元素出现 0 次或多次 ○ <database>数据库，元素出现 0 次或多次 ○ <ext-link>外部链接，元素出现 0 次或多次 • <permissions>使用权限，元素出现 0 次或 1 次
相关元素	<fulltext-file>全文文件
属性	facet-type 描述类型 access-type 获取方式 specific-use 具体应用
示例	<access-group facet-type="article" access-type="ext-link" specific-use="all"> <ext-link ext-link-type="uri" content-type="pdf" xlink.href="http://www.gpo.gov/fdsys/pkg/PLAW-111publ31/pdf/PLAW-111publ31.pdf"/> </access-group> <access-group facet-type="article" access-type="holding"> <holding> <holding-number>CN111024</holding-number> </holding> </access-group>

8. 2 address 地址

中文名称	地址
名称	address
URI	https://spec. nstl. gov. cn/namespace/1. 0/address
定义	对人或机构的具体位置如国家、省市等信息进行封装的元素
注释	地址信息既可通过字符串形式放入 <addr-line> 表示，也可通过 <city>、<state>、<country> 等元素结构化表示，还可混合表示 <address> 既可能是贡献者地址也可能是机构地址
描述	以下元素的任意组合： • <addr-line> 地址信息描述，元素出现 0 次或多次 • <city> 城市，元素出现 0 次或多次 • <state> 州或省，元素出现 0 次或多次 • <country> 国家，元素出现 0 次或多次 • <postal-code> 邮政编码，元素出现 0 次或多次
相关元素	<address> 包含描述地址的相关元素：<addr-line> 地址信息描述、<city> 城市、<state> 州或省、<country> 国家、<postal-code> 邮政编码
属性	sno 内部序号
示例	<address sno = "1"> <addr-line> Hebrew Univ Jerusalem, Inst Chem, IL-91904 Jerusalem, Israel </addr-line> <city> Jerusalem </city> <country> Israel </country> <postal-code> IL-91904 </postal-code> </address>

8. 3 alternatives 数据对象其他形式信息

中文名称	数据对象其他形式信息
名称	alternatives
URI	https://spec. nstl. gov. cn/namespace/1. 0/alternatives

续表

定义	对同一数据对象的不同表达形式的数量及标识符进行封装的元素
注释	数据对象包含贡献者、机构、基金项目、会议和来源
描述	以下元素对应选其一，数据对象类型需一致： • <contrib-id>贡献者标识符，元素出现 1 次或多次 • <institution-id>机构标识符，元素出现 1 次或多次 • <award-id>基金项目标识符，元素出现 1 次或多次 • <conf-id>会议标识符，元素出现 1 次或多次 • <source-id>来源标识符，元素出现 1 次或多次
相关元素	<has-appellation>规范关系
属性	count 数量
示例	<has-appellation> <contrib-id contrib-id-type="nstl_spec"> C2CTR20160805181032389CPKHJ71XCT</contrib-id> <alternatives count=3> <contrib-id contrib-id-type="internal_id"> B2CTR20160805181048701F80T3SPM6T</contrib-id> <contrib-id contrib-id-type="internal_id"> B2CTR20160805181048701TUXZQQFJYP</contrib-id> <contrib-id contrib-id-type="internal_id"> B2CTR201607312103128856G6DH4V3HR</contrib-id> </alternatives> </has-appellation>

8.4 article-meta 单篇文献元数据

中文名称	单篇文献元数据
名称	article-meta
URI	https://spec.nstl.gov.cn/namespace/1.0/article-meta
定义	对识别或描述单篇文献信息如题名、摘要等进行封装的元素
注释	单篇文献元数据可能包括作者信息、题名、页码、关键词、主题、摘要等。在有些元数据中，将文献元数据分为 3 个部分：单篇文献部分、来源部分和卷期部分，在本元数据中，单篇文献部分放在<article-meta>中，来源部分和卷期部分放在<source-meta>中

续表

<table>
<tr><td>描述</td><td>以下元素按顺序出现：
● <article-id>单篇文献唯一标识符，元素出现 1 次或多次
● <article-type>单篇文献类型，元素出现 0 次或多次
● <title-group>题名组，元素出现 1 次
● <abstract>摘要，元素出现 0 次或多次
● <trans-abstract>其他语种摘要，元素出现 0 次或多次
● 以下元素选其一：
○以下元素按顺序出现：
■以下元素可选，按顺序出现：
<fpage>起页，元素出现 1 次
<lpage>止页，元素出现 0 次或 1 次
■ <page-range>页码范围，元素出现 0 次或 1 次
○ <elocation-id>电子位置标识符，元素出现 0 次或 1 次
● <counts>计数，元素出现 0 次或 1 次
● <notes>注释，元素出现 0 次或多次
● <history>历史信息，元素出现 0 次或 1 次</td></tr>
<tr><td>相关元素</td><td><source-meta>来源元数据</td></tr>
<tr><td>属性</td><td>无</td></tr>
<tr><td>示例</td><td><article-meta>
<article-id pub-id-type = "nstl_spec" >
B2ART20151008152310321042383676A </article-id>
<title-group>
<article-title>Effect of Interfacial Engineering in Solid-State Nanostructured Sb2S3 Heterojunction Solar Cells </article-title>
</title-group>
<abstract>The terms defined in ontology are used as metadata to markup the Web' s content; these semantic markups are semantic index terms for information retrieval. We can obtain the equivalent classes of semantic index terms by using description logic reasoner. … </abstract>
<fpage>29 </fpage>
<lpage>33 </lpage>
…
</article-meta></td></tr>
</table>

8.5 award-group 基金项目组

中文名称	基金项目组
名称	award-group
URI	https://spec.nstl.gov.cn/namespace/1.0/award-group
定义	对描述文献资助项目信息如基金项目标识符、名称等进行封装的元素
注释	文献可以有多个资助项目信息
描述	以下元素按顺序出现： • <award-id>基金项目标识符，元素出现 1 次或多次 • <award-name>基金项目名称，元素出现 0 次或 1 次 • <award-acronym>基金项目名称缩写，元素出现 0 次或多次 • <award-date>基金项目日期，元素出现 0 次或多次 • <award-amount>资助金额，元素出现 0 次或多次 • <funding-source>基金项目资助者，元素出现 0 次或多次
相关元素	描述资助信息的相关元素：<funding-statement>资助说明、<open-access>开放获取说明
属性	award-type 基金项目类型 xlink: href 超链接
示例	<award-group award-type="national" xlink:href="https://www.nih.gov/"> <award-id award-id-type="internal_id"> B2AWD20160805181024209NVWCOH52CD</award-id> <award-id award-id-type="grant_number">NIH GM61374</award-id> <funding-source> <institution-wrap> <institution-id>B2INS20160731210320032O5CXSCBO9B </institution-id> <institution>NIH</institution> </institution-wrap> </funding-source> </award-group>

8.6 cited-by 引用关系

中文名称	引用关系
名称	cited-by

续表

URI	https: //spec. nstl. gov. cn/namespace/1. 0/cited-by
定义	对文献及施引文献信息进行封装的元素
注释	引用关系包含文献唯一标识符、施引文献数量即文献被引次数及施引文献唯一标识符信息，单独形成文件
描述	以下元素按顺序出现： ● 以下元素选其一： ○ <article-id>文献唯一标识符，元素出现 1 次 ○ <source-id>来源唯一标识符，元素出现 1 次 ○ <pub-id>出版物唯一标识符，元素出现 1 次 ● <citings>计数，元素出现 1 次
相关元素	单独形成文件的元素：<same-as>归一关系、<has-appellation>规范关系、<relation>沿革关系
属性	无
示例	<cited-by> <article-id pub-id-type = "nstl_spec"> B2ART20160805181024210 2HEXDMHNNF</article-id> <citings count = 3> <article-id pub-id-type = "nstl_spec"> B2ART20160805181024375EFBGVPY7GL</article-id> <article-id pub-id-type = "nstl_spec"> B2ART20160805181024387 0GYJJVD3Q9</article-id> <article-id pub-id-type = "nstl_spec"> B2ART20160805181106527XU9VOLFBS5</article-id> </citings> </cited-by>

8.7 citings 施引信息

中文名称	施引信息
名称	citings
URI	https: //spec. nstl. gov. cn/namespace/1. 0/citings
定义	对施引文献数量及施引文献唯一标识符进行封装的元素

续表

注释	施引信息包含施引文献数量即文献被引的次数及施引文献唯一标识符信息
描述	以下元素的任意组合： ● <article-id>文献唯一标识符，元素出现 1 次或多次 ● <source-id>来源唯一标识符，元素出现 1 次或多次 ● <pub-id>出版物唯一标识符，元素出现 1 次或多次
相关元素	<cited-by>引用关系
属性	count 数量
示例	<cited-by> <article-id pub-id-type="nstl_spec"> B2ART20160805181024210 2HEXDMHNNF</article-id> <citings count=3> <article-id pub-id-type="nstl_spec"> B2ART20160805181024375EFBGVPY7GL</article-id> <article-id pub-id-type="nstl_spec"> B2ART20160805181024387 0GYJJVD3Q9</article-id> <article-id pub-id-type="nstl_spec"> B2ART20160805181106527XU9VOLFBS5</article-id> </citings> </cited-by>

8.8 class-group 分类

中文名称	分类
名称	class-group
URI	https://spec.nstl.gov.cn/namespace/1.0/class-group
定义	对分类信息如分类号、分类法等进行封装的元素
注释	<class-group>包含 class-group-type、xml:lang 属性，其中，class-group-type 属性定义分类法，如来自 CLC 或 DDC；xml:lang 属性可用于定义不同语言的分类号
描述	<classification>分类号，元素出现 1 次或多次
相关元素	<subj-group>主题词信息描述、<kwd-group>关键词信息描述
属性	class-group-type 分类法 xml:lang 语种

续表

示例	<class-group class-group-type = "CLC" xml: lang = "en" > <classification > G350 </classification > <classification > R19 </classification > </class-group >

8.9　conference 会议

中文名称	会议
名称	conference
URI	https: //spec. nstl. gov. cn/namespace/1. 0/conference
定义	对描述会议信息如会议标识符、会议名称等进行封装的元素
注释	描述会议信息时，建议标注会议地点 < conf-loc > 、会议日期 < conf-date > 等，而不是将所有信息放入 < string-conf >
描述	以下元素按顺序出现： ● < conf-id > 会议标识符，元素出现 1 次或多次 ● < conf-name > 会议名称，元素出现 1 次或多次 ● < conf-acronym > 会议名称缩写，元素出现 0 次或多次 ● < conf-loc > 会议地点，元素出现 0 次或多次 ● < conf-date > 会议日期，元素出现 0 次或多次 ● < conf-num > 会议届次，元素出现 0 次或多次 ● < conf-sponsor > 会议举办者，元素出现 0 次或多次 ● < conf-theme > 会议主题，元素出现 0 次或多次 ● < string-conf > 会议信息描述，元素出现 0 次或多次
相关元素	< conference > 包含了描述会议信息的相关元素：< conf-id > 会议标识符、< conf-name > 会议名称、< conf-acronym > 会议名称缩写、< conf-loc > 会议地点、< conf-date > 会议日期、< conf-num > 会议届次、< conf-sponsor > 会议举办者、< conf-theme > 会议主题、< string-conf > 会议信息描述
属性	facet-type 描述类型 xlink: href 超链接 xml: lang 语种

续表

示例	< conference facet-type = "source" xml: lang = "en" > < conf-id conf-id-type = "internal_id" > B2CON20160805181024209NVWCOH52CD < /conf-id > < conf-name > The 27th annual ACM SI/GUCCS conference < /conf-name > < conf-acronym > SIGUCCS < /conf-acronym > < conf-loc > Denver, Colorado, United States < /conf-loc > < conf-date gbt-7408-date = "1999" > 1999 < /conf-date > < conf-num > 27 < /conf-num > < conf-sponsor > < institution-wrap specific-use = "host" > < institution-id institution-id-type = "internal_id" > B2CON20160805181023541201DA26ZTF < /institution-id > < institution specific-use = "pref" > Royal Netherlands Academy of Arts and Sciences < /institution > < /institution-wrap > < /conf-sponsor > < conf-theme > User services conference for university and college computing service organizations < /conf-theme > < /conference > < conference facet-type = "article" xlink: href = "http: //events. linkeddata. org/ldow2011/#proceedings" > < conf-id conf-id-type = "internal_id" > B2CON20160805181024209NVWCOH52CD < /conf-id > < conf-name > Linked Data on the Web(LDOW2011) < /conf-name > < conf-acronym > LDOW2011 < /conf-acronym > < conf-loc > Hyderabad, India < /conf-loc > < conf-date gbt-7408-date = "2011-03-29" > 2011 < /conf-date > < /conference >

8. 10 conf-loc 会议地点

中文名称	会议地点
名称	conf-loc
URI	https: //spec. nstl. gov. cn/namespace/1. 0/conf-loc
定义	对会议举办的地点如城市、国家、机构等进行封装的元素

续表

注释	在美国举办的会议，需提供会议举办所在州信息。一般而言，会议地点不包括具体的会场地点（如会议酒店）
描述	以下元素的任意组合： ● <addr-line>地址信息描述，元素出现 0 次或多次 ● <city>城市，元素出现 0 次或多次 ● <state>州或省，元素出现 0 次或多次 ● <country>国家，元素出现 0 次或多次 ● <post-code>邮编，元素出现 0 次或多次
相关元素	描述会议信息的相关元素：<conf-id>会议标识符、<conf-name>会议名称、<conf-date>会议日期、<conf-num>会议届次、<conf-sponsor>会议举办者、<conf-theme>会议主题、<conf-acronym>会议名称缩写、<string-conf>会议信息描述
属性	xml: lang 语种
示例	<conf-loc xml: lang = "en"> <addr-line>Denver, Colorado, United States</addr-line> </conf-loc>

8.11　conf-sponsor 会议举办者

中文名称	会议举办者
名称	conf-sponsor
URI	https://spec.nstl.gov.cn/namespace/1.0/conf-sponsor
定义	对举办会议的机构或人等信息进行封装的元素
注释	如果有多个会议举办者，则每个会议举办者都分别采用<conf-sponsor>元素。会议举办者名称使用<institution-wrap>中的<institution>表示，即默认会议举办者为机构。如果会议举办者为人，则会议举办者名称使用<contrib>中的<full-name>表示。如果需要区分会议举办者是会议的主办者或会议的承办者，则可在元素 institution 的属性 specific-use 中指定为“host”（主办）或者“organizer”（承办），或者在元素 contrib 的属性 contrib-type 指定为“host”（主办）或者“organizer”（承办）
描述	以下元素的任意组合： ● <contrib>贡献者，元素出现 0 次或多次 ● <institution-wrap>机构信息，元素出现 0 次或多次 ● <address>地址，元素出现 0 次或多次

续表

相关元素	描述会议信息的相关元素：<conf-id>会议标识符、<conf-name>会议名称、<conf-date>会议日期、<conf-loc>会议地点、<conf-num>会议届次、<conf-theme>会议主题、<conf-acronym>会议名称缩写、<string-conf>会议信息描述
属性	无
示例	<conf-sponsor> <institution-wrap specific-use = "host"> <institution-id institution-id-type = "internal_id"> B2CON20160805181023541201DA26ZTF</institution-id> <institution specific-use = "pref">Royal Netherlands Academy of Arts and Sciences</institution> </institution-wrap> </conf-sponsor>

8.12 contrib 贡献者

中文名称	贡献者
名称	contrib
URI	https://spec.nstl.gov.cn/namespace/1.0/contrib
定义	对描述贡献者信息如标识符、姓名、个人简介等进行封装的元素
注释	contrib-type 属性用来描述贡献者类型，见 contrib-type 属性定义。作者的排序用属性 seq 表示。是否通信作者用属性 corresp 表示 当出版者、基金资助者、会议举办者为某个人或某些人时，使用<contrib>元素表示，否则，默认使用<institution-wrap>元素表示
描述	以下元素按顺序出现： • <contrib-id>贡献者标识符，元素出现 1 次或多次 • <name>姓名，元素出现 0 次或多次 • <collab>团体作者，元素出现 0 次或多次 • <degrees>学位，元素出现 0 次或多次 • <bio>个人简介，元素出现 0 次或多次 • <email>电子邮箱，元素出现 0 次或多次 • <phone>电话号码，元素出现 0 次或多次 • <ext-link>外部链接，元素出现 0 次或多次 • <role>职称职务，元素出现 0 次或多次 • <xref>交叉引用，元素出现 0 次或多次 • <major>专业，元素出现 0 次或多次 • <research-subject>研究方向，元素出现 0 次或多次

续表

相关元素	采用 <collab> 表示组织或团队的贡献
属性	contrib-type 贡献者类型 corresp 通信作者 seq 序号
示例	<contrib contrib-type = "author" corresp = "yes" seq = "1"> <contrib-id contrib-id-type = "internal_id"> B2CTR20160805181024210VMAYDZT9W9 </contrib-id> <name> <surname>Meyer</surname> <given-names>Ingo</given-names> </name> </contrib>

8.13　contrib-group 贡献者组

中文名称	贡献者组
名称	contrib-group
URI	https://spec.nstl.gov.cn/namespace/1.0/contrib-group
定义	对描述一个或多个贡献者及其相关信息如机构、地址等进行封装的元素
注释	<contrib-group>包含了文献的各种贡献者，同时描述了贡献者的机构及地址信息
描述	以下元素的任意组合： ● <contrib>贡献者，元素出现 0 次或多次 ● <institution-wrap>机构，元素出现 0 次或多次 ● <address>地址，元素出现 0 次或多次
相关元素	描述贡献者的相关元素：<contrib>贡献者、<institution-wrap>机构信息、<address>地址
属性	facet-type 描述类型
示例	<contrib-group facet-type = "article"> <contrib contrib-type = "author" corresp = "yes"> <contrib-id contrib-id-type = "internal_id"> B2CTR20160805181024375JZPQ9QB44P </contrib-id> <name> <surname>Camacho</surname> <given-names>Oscar M. </given-names>

续表

示例	</name> <email>oscar_m_camacho@bat.com</email> <xref ref-type="inst" rsno="1">1</xref> </contrib> <contrib contrib-type="author"> <contrib-id contrib-id-type="internal_id"> B2CTR20160805181108010V57G2DPNKP</contrib-id> <name> <surname>Shepperd</surname> <given-names>Christopher J.</given-names> </name> <xref ref-type="inst" rsno="1">1</xref> </contrib> <contrib contrib-type="author"> <contrib-id contrib-id-type="internal_id"> B2CTR20160805181108010UL74KAZP73</contrib-id> <name> <surname>Eldridge</surname> <given-names>Alison</given-names> </name> <xref ref-type="inst" rsno="2">2</xref> </contrib> </contrib-group>

8.14 counts 计数

中文名称	计数
名称	counts
URI	https://spec.nstl.gov.cn/namespace/1.0/counts
定义	对描述文献中可统计对象数量信息进行封装的元素
注释	统计文献中的图、表、字数、参考文献、页码、贡献者等的数量
描述	<count>总数，元素出现0次或多次
相关元素	<count>总数
属性	无

续表

示例	<counts> <count count-type = "contributors">3</count> <count count-type = "references">15</count> </counts>

8.15　database 数据库

中文名称	数据库
名称	database
URI	https://spec.nstl.gov.cn/namespace/1.0/database
定义	对描述资源所在的数据库信息进行封装的元素
注释	描述资源所在的数据库信息如数据库名称、数据库标识符、数据库网站基地址、数据库简介等
描述	以下元素按顺序出现： • <database-name>数据库名称，元素出现 0 次或 1 次 • <object-id>对象标识符，元素出现 0 次或多次 • <baseurl>网站基地址，元素出现 0 次或 1 次 • <abstract>数据库简介，元素出现 0 次或多次
相关元素	<holding>馆藏
属性	无
示例	<database> <database-name>Web of Science</database-name> <baseurl>http://webofknowledge.com</baseurl> </datebase>

8.16　fig 图

中文名称	图
名称	fig
URI	https://spec.nstl.gov.cn/namespace/1.0/fig
定义	对描述图信息如图标识符、图像链接等进行封装的元素
注释	<fig>元素中的内容可以是图像、列表、段落、公式、表格等，以图的形式存在

续表

描述	以下元素按顺序出现： ● <object-id>对象标识符，元素出现1次或多次 ● <caption>文字说明，元素出现0次或多次 ● <graphic>图像，元素出现0次或多次
相关元素	<fig-group>包含一个或多个<fig>，<graphic>为静态图像
属性	xml: lang 语种
示例	<fig xml: lang = "en"> <object-id pub-id-type = "internal_id">B2FIG20160805181028697FZAJT8F2RF </object-id> <caption>Amount of NAT excreted on Days 14 and 41 (top) and amount adjusted by the number of cigarettes smoked (bottom). NAT, N-nitrosoanatabine. </caption> <graphic xlink. href = "graphic/cclm-2013-0581_fig1. jpg"/> </fig>

8.17 fig-group 图组

中文名称	图组
名称	fig-group
URI	https://spec. nstl. gov. cn/namespace/1. 0/fig-group
定义	对描述一个或多个图信息进行封装的元素
注释	一个<fig>元素可以包含多个<graphic>元素，一个<fig-group>元素至少包含一个<fig>
描述	以下元素按顺序出现： ● <caption>文字说明，元素出现0次或多次 ● <fig>图，元素出现0次或多次
相关元素	<fig-group>包含一个或多个<fig>
属性	facet-type 描述类型
示例	<fig-group facet-type = "article"> <fig> <caption>Differences between Days 14 and 41 with empirical reference intervals by group of smokers. </caption> <graphic xlink. href = "graphic/cclm-2013-0581_fig2. jpg"/> </fig> </fig-group>

8.18 fulltext-file 全文文件

中文名称	全文文件
名称	fulltext-file
URI	https://spec.nstl.gov.cn/namespace/1.0/fulltext-file
定义	对描述全文文件物理特征信息如格式、大小、版本类型等进行封装的元素
注释	描述全文文件的格式、大小、语种等信息，主要是指电子文件
描述	以下元素按顺序出现： ● <object-id>对象标识符，出现 1 次或多次 ● <caption>文字说明，出现 0 次或多次 ● <size>大小，出现 0 次或多次
相关元素	<access-group>获取管理，描述资源的获取方式和使用权限
属性	facet-type 描述类型 xml:lang 语种 mimetype MIME 类型 mime-subtype MIME 子类型 specific-use 具体应用
示例	<fulltext-file facet-type="article" xml:lang="en" mimetype="pdf" specific-use="researchers-only"> <size units="MB">2.5</size> </fulltext-file>

8.19 funding-group 资助信息组

中文名称	资助信息组
名称	funding-group
URI	https://spec.nstl.gov.cn/namespace/1.0/funding-group
定义	对文献资助信息和文献开放获取信息进行封装的元素
注释	开放获取信息包括使用开放获取的资助模式、开放获取费用的支付方、申请的费用等
描述	以下元素按顺序出现： ● <award-group>基金项目组，元素出现 0 次或多次 ● <funding-statement>资助说明，元素出现 0 次或多次 ● <open-access>开放获取说明，元素出现 0 次或多次

续表

相关元素	描述资助信息的相关元素：<award-group>基金项目组、<funding-statement>资助说明、<open-access>开放获取说明
属性	facet-type 描述类型
示例	<funding-group facet-type = "article"> <award-group> <award-id award-id-type = "internal_id"> B2AWD20160805181024209NVWCOH52CD </award-id> <award-id award-id-type = "grant_number">GM18458 </award-id> </award-group> <award-group> <award-id award-id-type = "internal_id"> B2AWD20160715181024209NVWCOHAB67 </award-id> <award-id award-id-type = "grant_number">DMS-0204674 </award-id> </award-group> </funding-group>

8.20 funding-source 基金项目资助者

中文名称	基金项目资助者
名称	funding-source
URI	https://spec.nstl.gov.cn/namespace/1.0/funding-source
定义	对资助文献所属基金项目的机构或人的信息进行封装的元素
注释	基金项目资助者名称使用<institution-wrap>中的<institution>表示，即默认资助者为机构。如果资助者为人，则资助者名称使用<contrib>中的<full-name>表示
描述	以下元素的任意组合： ● <contrib>贡献者，元素出现 0 次或多次 ● <institution-wrap>机构信息，元素出现 0 次或多次 ● <address>地址，元素出现 0 次或多次
相关元素	描述基金项目信息的相关元素：<award-id>基金项目标识符、<award-name>基金项目名称、<award-acronym>基金项目名称缩写、<award-date>基金项目日期、<award-amount>资助金额
属性	无

续表

示例	< funding-source > < institution-wrap > < institution-id > B2INS20160731210320032O5CXSCBO9B < /institution-id > < institution > NIH < /institution > < /institution-wrap > < /funding-source >

8.21 has-appellation 规范关系

中文名称	规范关系
名称	has-appellation
URI	https://spec.nstl.gov.cn/namespace/1.0/has-appellation
定义	对同一数据对象的不同表达形式信息进行封装的元素
注释	规范关系包括对贡献者、机构、基金项目、会议、来源的不同形式进行规范，单独形成文件
描述	以下元素按顺序出现： ● 以下元素选其一： ○ < contrib-id > 贡献者唯一标识符，元素出现 1 次 ○ < institution-id > 机构唯一标识符，元素出现 1 次 ○ < award-id > 基金项目唯一标识符，元素出现 1 次 ○ < conf-id > 会议唯一标识符，元素出现 1 次 ○ < source-id > 来源唯一标识符，元素出现 1 次 ● < alternatives > 数据对象其他形式信息，元素出现 1 次
相关元素	单独形成文件的元素：< cited-by > 引用关系、< same-as > 归一关系、< relation > 沿革关系
属性	无
示例	< has-appellation > < contrib-id contrib-id-type = "nstl_spec" > C2CTR20160805181032389CPKHJ71XCT < /contrib-id > < alternatives count = 3 > < contrib-id contrib-id-type = "internal_id" > B2CTR20160805181048701F80T3SPM6T < /contrib-id > < contrib-id contrib-id-type = "internal_id" >

续表

示例	B2CTR20160805181048701TUXZQQFJYP </contrib-id> <contrib-id contrib-id-type = "internal_id"> B2CTR20160731210312885 6G6DH4V3HR </contrib-id> </alternatives> </has-appellation>

8.22 history 历史信息

中文名称	历史信息
名称	history
URI	https://spec.nstl.gov.cn/namespace/1.0/history
定义	对与历史相关的不同日期数据进行封装的元素
注释	单篇文献或来源具有历史信息，如单篇文献的收稿日期、录用日期，来源的创建日期等
描述	<date>日期，元素出现0次或多次
相关元素	<source-meta>来源元数据、<article-meta>单篇文献元数据
属性	无
示例	<history> <date date-type = "received" gbt-7408-date = "2016-02-01"> <day>01 </day> <month>02 </month> <year>2016 </year> </date> </history>

8.23 holding 馆藏信息

中文名称	馆藏信息
名称	holding
URI	https://spec.nstl.gov.cn/namespace/1.0/holding
定义	对文献所在机构、馆藏号等进行封装的元素
注释	文献所在机构是指收录文献并能对外提供服务的机构，包含机构名称和机构代码

续表

描述	以下元素按顺序出现： ● <holding-number>馆藏号，元素出现 0 次或 1 次 ● <institution-id>机构标识符（馆藏机构代码），元素出现 1 次或多次 ● <institution>机构，元素出现 1 次或多次 ● <email>邮件，元素出现 0 次或多次 ● <phone>电话号码，元素出现 0 次或多次 ● <ext-link>外部链接，元素出现 0 次或多次
相关元素	<database>数据库
属性	seq 序号 state 数据状态
示例	<holding seq="1" state="normal"> <holding-number>LW032000</holding-number> <institution-id institution-id-type="nstl_library_code"> CN311001</institution-id> <institution>中国科学院文献情报中心</institution> </holding>

8.24　institution-wrap 机构信息

中文名称	机构信息
名称	institution-wrap
URI	https://spec.nstl.gov.cn/namespace/1.0/institution-wrap
定义	对机构标识符、机构名称、电话等进行封装的元素
注释	对于一个具有多层级关系的机构，只赋予一个机构标识符元素 <institution-wrap>既可表示贡献者机构，也可表示出版者机构，还可以表示会议举办机构、基金资助机构
描述	以下元素按顺序出现： ● <institution-id>机构标识符，元素出现 1 次或多次 ● <institution>机构，元素出现 1 次或多次 ● <email>邮件，元素出现 0 次或多次 ● <phone>电话号码，元素出现 0 次或多次 ● <ext-link>外部链接，元素出现 0 次或多次 ● <xref>交叉引用，出现 0 次或多次

续表

相关元素	<contrib>贡献者、<address>地址
属性	sno 内部序号 specific-use 具体应用
示例	<institution-wrap sno = "1"> <institution-id institution-id-type = "internal_id"> B2INS20160616161834629H563SDKZUT</institution-id> <institution content-type = "edu">Ecole Polytech Fed Lausanne</institution> <institution content-type = "dept">Dept Sci & Chem Engn</institution> </institution-wrap> <conf-sponsor> <institution-wrap specific-use = "host"> <institution-id institution-id-type = "internal_id"> B2CON20160805181023541201DA26ZTF</institution-id> <institution specific-use = "pref">Royal Netherlands Academy of Arts and Sciences</institution> </institution-wrap> </conf-sponsor>

8.25 kwd-group 关键词信息描述

中文名称	关键词信息描述
名称	kwd-group
URI	https://spec.nstl.gov.cn/namespace/1.0/kwd-group
定义	对描述关键词信息如关键词、关键词类型等进行封装的元素
注释	<kwd-group>包含 kwd-group-type、xml: lang 属性，其中，kwd-group-type 属性定义关键词的来源和遵循的标准，如由“IEEE”创建或由作者创建。也可定义关键词的类型，比如，“hierarchical”表示关键词具有层级关系，“abbreviations”表示关键词缩写，“code”表示关键词代码。xml: lang 属性可用于定义不同语言的关键词
描述	<kwd>关键词，元素出现 1 次或多次
相关元素	<subj-group>主题词信息描述、<class-group>分类
属性	kwd-group-type 关键词类型 xml: lang 语种

续表

示例	<kwd-group kwd-group-type = "author-generated" xml: lang = "en" > <kwd > biological variability < /kwd > <kwd > biomarker of exposure < /kwd > <kwd > smoke toxicant < /kwd > <kwd > tobacco < /kwd > < /kwd-group >

8.26 license 使用许可

中文名称	使用许可
名称	license
URI	https: //spec. nstl. gov. cn/namespace/1. 0/license
定义	对文献可获取、访问或传播等限制条件信息进行封装的元素
注释	如果有多个使用许可信息，可重复描述
描述	<license-p > 使用许可描述，元素出现 1 次或多次
相关元素	<permissions > 使用权限
属性	license-type 许可类型 xlink: href 超链接
示例	<license license-type = "open-access" xlink: href = "http: //creativecommons. org/licenses/by/ 4. 0/" > <license-p > This content is open access. < /license-p > < /license >

8.27 name 姓名

中文名称	姓名
名称	name
URI	https: //spec. nstl. gov. cn/namespace/1. 0/name
定义	对姓名组成部分如全名、姓、名等进行封装的元素
注释	<surname >、<given-names > 元素的使用是为了产生更准确的检索结果
描述	以下元素按顺序出现： • <full-name > 全名，元素出现 0 次或 1 次 • <surname > 姓，元素出现 0 次或 1 次 • <given-names > 名，元素出现 0 次或 1 次 • <prefix > 姓名前缀，元素出现 0 次或 1 次 • <suffix > 姓名后缀，元素出现 0 次或 1 次

续表

相关元素	描述姓名的相关元素：<full-name>全名、<surname>姓、<given-names>名
属性	name-style 姓名类型 xml: lang 语种
示例	<name name-style = "western" xml: lang = "en"> <full-name>Ingo Meyer</full-name> <surname>Meyer</surname> <given-names>Ingo</given-names> </name>

8.28 permissions 使用权限

中文名称	使用权限
名称	permissions
URI	https://spec.nstl.gov.cn/namespace/1.0/permissions
定义	对版权和使用许可信息进行封装的元素
注释	描述文献的可获取权限
描述	以下元素按顺序出现： ● <copyright-statement>版权声明，元素出现 0 次或多次 ● <copyright-year>版权年，元素出现 0 次或多次 ● <copyright-holder>版权所有者，元素出现 0 次或多次 ● <license>使用许可，元素出现 0 次或多次
相关元素	<license>使用许可
属性	无
示例	<permissions> <copyright-statement>© 2014 by Walter de Gruyter Berlin Boston</copyright-statement> <copyright-year>2014</copyright-year> <license license-type = "open-access"> <license-p>This content is open access.</license-p> </license> </permissions>

8. 29　process-group 操作信息

中文名称	操作信息
名称	process-group
URI	https: //spec. nstl. gov. cn/namespace/1. 0/process-group
定义	对文献操作信息如操作日期、加工方式、加工深度等进行封装的元素
注释	操作信息包括操作日期、相关的操作人员或机构、数据处理方式和数据状态等
描述	以下元素按顺序出现： ● <process-date>操作日期，元素出现 1 次或多次 ● <institution-id>机构标识符，元素出现 1 次或多次 ● <institution>机构，元素出现 1 次或多次 ● <name>姓名（加工人员），元素出现 0 次或多次 ● <mode>加工方式，元素出现 0 次或 1 次 ● <level>加工深度，元素出现 0 次或 1 次
相关元素	无
属性	facet-type 描述类型 state 数据状态
示例	<process-group facet-type = "article" state = "normal"> <process-date>2015-09-15</process-date> <institution-id institution-id-type = "nstl_library_code"> CN311001</institution-id> <institution>中国科学院文献情报中心</institution> <mode>key in</mode> </process-group>

8. 30　publisher 出版者

中文名称	出版者
名称	publisher
URI	https: //spec. nstl. gov. cn/namespace/1. 0/publisher
定义	对出版文献的机构或人等信息进行封装的元素
注释	出版者名称默认使用机构信息<institution-wrap>中的<institution>元素表示，如果出版者为人，则出版者名称使用<contrib>中的<full-name>元素表示。出版者地址使用<address>元素表示

续表

描述	以下元素的任意组合： • <contrib>贡献者，元素出现 0 次或多次 • <institution-wrap>机构信息，元素出现 0 次或多次 • <address>地址，元素出现 0 次或多次
相关元素	<source-meta>来源元数据
属性	无
示例	<publisher> <institution-wrap> <institution-id>B2INS20160805181028696H7J7F3S1UP</institution-id> <institution>British Medical Journal</institution> </institution-wrap> <address> <addr-line>BOSCHSTRASSE 12, D-69469 WEINHEIM, GERMANY</addr-line> <city>WEINHEIM</city> </address> </publisher>

8.31 record 文献

中文名称	文献
名称	record
URI	https://spec.nstl.gov.cn/namespace/1.0/record
定义	对描述与文献相关的数据对象进行封装的元素
注释	元数据根节点，不仅能描述单篇文献也能描述来源信息及其他相关信息
描述	以下元素按顺序出现： • <source-meta>来源元数据，元素出现 1 次，条件必备 • <article-meta>单篇文献元数据，元素出现 1 次，条件必备 • <subj-class-kwd>主题/分类/关键词，元素出现 0 次或多次 • <contrib-group>贡献者组，元素出现 0 次或多次 • <conference>会议，元素出现 0 次或多次 • <funding-group>资助信息组，元素出现 0 次或多次 • <process-group>操作信息，元素出现 1 次 • <access-group>获取管理，元素出现 0 次或多次 • <fulltext-file>全文文件，元素出现 0 次或多次 • <fig-group>图组，元素出现 0 次或多次 • <table-group>表格组，元素出现 0 次或多次 • <supplementary-material>附加资料，元素出现 0 次或多次 • <ref-list>参考文献列表，元素出现 0 次或多次

续表

相关元素	无
属性	version 标准版本 xml: lang 语种
示例	<record xml: lang = "en" version = "2. 7"> <source-meta>… </source-meta> <article-meta> <title-group> <article-title>Effect of Interfacial Engineering in Solid-State Nanostructured Sb2S3 Heterojunction Solar Cells </article-title> </title-group> </article-meta> … <ref-list>… </ref-list> </record>

8. 32 ref 参考文献

中文名称	参考文献
名称	ref
URI	https: //spec. nstl. gov. cn/namespace/1. 0/ref
定义	对参考文献信息如题名、贡献者、来源题名、日期等进行封装的元素
注释	一条参考文献，既可通过 <contrib>、<article-title>等元素组合方式表达，也可通过<mix-citation>参考文献原始信息表达
描述	以下元素按顺序出现： • <pub-id>出版物标识符，元素出现 1 次或多次 • 以下元素的任意组合： ○ <contrib>贡献者，元素出现 1 次或多次，条件必备 ○ <institution>机构，元素出现 1 次或多次，条件必备 ○ <article-title>题名，元素出现 1 次或多次，条件必备 ○ <trans-title>题名译名，元素出现 1 次或多次，条件必备 ○ <conf-name>会议名称，元素出现 1 次或多次，条件必备 ○ <conf-acronym>会议名称缩写，元素出现 1 次或多次，条件必备 ○ <source-title>来源题名，元素出现 1 次或多次，条件必备 ○ <trans-source>来源题名译名，元素出现 1 次或多次，条件必备 ○ <isbn> ISBN，元素出现 1 次或多次，条件必备 ○ <issn> ISSN，元素出现 1 次或多次，条件必备

续表

描述	○ <date>日期，元素出现 1 次或多次，条件必备 ○ <volume>卷，元素出现 1 次或多次，条件必备 ○ <issue>期，元素出现 1 次或多次，条件必备 ○ <fpage>起页，元素出现 1 次或多次，条件必备 ○ <lpage>止页，元素出现 1 次或多次，条件必备 ○ <page-range>页码范围，元素出现 1 次或多次，条件必备 ○ <city>城市，元素出现 1 次或多次，条件必备 ○ <country>国家，元素出现 1 次或多次，条件必备 ○ <ext-link>外部链接，元素出现 1 次或多次，条件必备 ○ <mixed-citation>参考文献原始信息，元素出现 1 次或多次，条件必备
相关元素	<mixed-citation>参考文献原始信息
属性	seq 序号 publication-type 参考文献类型 publication-format 出版物格式 xml: lang 语种
示例	<ref seq="1" publication-type="journal" publication-format="print" xml: lang="en"> <pub-id pub-id-type="internal_id"> B2REF20160805181024209NVWCOH52CD</pub-id> <pub-id pub-id-type="doi">10. 15252/embr. 201439076</pub-id> <contrib contrib-type="author"> <name> <surname>Abada</surname> <given-names>A</given-names> </name> <name> <surname>Elazar</surname> <given-names>Z</given-names> </name> </contrib> <year>2014</year> <article-title>Getting ready for building: signaling and autophagosome biogenesis</article-title> <source-title>EMBO Reports</source-title> <volume>15</volume> <fpage>839</fpage> <lpage>852</lpage> </ref>

8.33 ref-list 参考文献列表

中文名称	参考文献列表
名称	ref-list
URI	https://spec.nstl.gov.cn/namespace/1.0/ref-list
定义	对多篇参考文献信息进行封装的元素
注释	一篇文献可能有多个参考文献，对这些参考文献进行描述
描述	<ref>参考文献，元素出现 1 次或多次
相关元素	<ref>参考文献
属性	facet-type 描述类型
示例	<ref-list facet-type="article"> <ref seq="1" publication-type="journal"> <pub-id pub-id-type="internal_id"> B2REF20160805181024209NVWCOH52CD</pub-id> <pub-id pub-id-type="doi">10.15252/embr.201439076</pub-id> <contrib contrib-type="author"> <name> <surname>Abada</surname> <given-names>A</given-names> </name> <name> <surname>Elazar</surname> <given-names>Z</given-names> </name> </contrib> <year>2014</year> <article-title>Getting ready for building: signaling and autophagosome biogenesis</article-title> <source-title>EMBO Reports</source-title> <volume>15</volume> <fpage>839</fpage> <lpage>852</lpage> </ref> <ref seq="2"> … </ref> … </ref-list>

8.34 relation 沿革关系

中文名称	沿革关系
名称	relation
URI	https://spec. nstl. gov. cn/namespace/1. 0/relation
定义	对来源与来源之间沿革变化关系信息进行封装的元素
注释	沿革关系描述来源之间的沿革变化关系，单独形成文件
描述	以下元素按顺序出现： ● <source-id>来源唯一标识符，元素出现 1 次 ● <relation-type>沿革关系类型，元素出现 1 次
相关元素	单独形成文件的元素：<cited-by>引用关系、<same-as>归一关系、<has-appellation>规范关系
属性	无
示例	<relation> <source-id source-id-type = "nstl_spec"> A3SRC20150812101530786578118256Y</source-id> <relation-type relation-type = "continues"> <source-id source-id-type = "nstl_spec"> A3SRC20160731210321113GJFLYDX2YL</source-id> </relation-type> </relation>

8.35 relation-type 沿革关系类型

中文名称	沿革关系类型
名称	relation-type
URI	https://spec. nstl. gov. cn/namespace/1. 0/relation-type
定义	对与来源有关的沿革关系类型及其他来源信息进行封装的元素
注释	沿革关系类型包含多种，如继承、部分继承、替代、部分替代、吸收、部分吸收等关系
描述	<source-id>来源唯一标识符，元素出现 1 次或多次
相关元素	沿革关系<relation>
属性	无

续表

示例	< relation > < source-id source-id-type = "nstl_spec" > A3SRC20150812101530786578118256Y < /source-id > < relation-type relation-type = "continues" > < source-id source-id-type = "nstl_spec" > A3SRC20160731210321113GJFLYDX2YL < /source-id > < /relation-type > < /relation >

8.36　same-as 归一关系

中文名称	归一关系
名称	same-as
URI	https: //spec. nstl. gov. cn/namespace/1. 0/same-as
定义	对同一篇文献的不同表达形式信息进行封装的元素
注释	归一关系包括参考文献与原始文献的归一，也包括参考文献与参考文献的归一，单独形成文件
描述	以下元素按顺序出现： ● 以下元素选其一： ○ < article-id > 文献唯一标识符，元素出现 1 次 ○ < source-id > 来源唯一标识符，元素出现 1 次 ○ < pub-id > 出版物唯一标识符，元素出现 1 次 ● < variants > 文献其他形式信息，元素出现 1 次
相关元素	单独形成文件的元素：< cited-by > 引用关系、< has-appellation > 规范关系、< relation > 沿革关系
属性	无
示例	< same-as > < article-id pub-id-type = "nstl_spec" > B2ART20160805181108037XP5E18KVJF < /article-id > < variants count = 2 > < pub-id pub-id-type = "internal_id" > B2REF20160208152310321042383676C < /pub-id > < pub-id > B2REF20150918124568946435678356D < /pub-id > < /variants > < /same-as >

8.37 section 章节

中文名称	章节
名称	section
URI	https://spec.nstl.gov.cn/namespace/1.0/section
定义	对目录中的章节信息如章节题名、起页等进行封装的元素
注释	主要描述图书目录中的章节内容
描述	以下元素按顺序出现： ● <title>章节题名，元素出现 0 次或 1 次 ● <fpage>起页，元素出现 0 次或 1 次 ● <section>章节，元素出现 0 次或多次
相关元素	<title>章节题名
属性	sec-type 章节类型
示例	<toc> <section sec-type="第 1 章"> <title>概论</title> <fpage>1</fpage> <section sec-type="1.1"> <title>功能需求说明</title> <fpage>1</fpage> </section> … </section> </toc>

8.38 source-meta 来源元数据

中文名称	来源元数据
名称	source-meta
URI	https://spec.nstl.gov.cn/namespace/1.0/source-meta
定义	对识别或描述来源信息如来源唯一标识符、来源类型等进行封装的元素
注释	来源元数据包括来源唯一标识符、来源类型、出版者、卷期信息等
描述	以下元素按顺序出现： ● <source-id>来源唯一标识符，元素出现 1 次或多次 ● <source-type>来源类型，元素出现 1 次或多次

续表

描述	● <source-title-group>来源题名组，元素出现 1 次 ● <issn> ISSN，元素出现 0 次或多次 ● <issn-l> ISSN-L，元素出现 0 次或 1 次 ● <isbn> ISBN，元素出现 0 次或多次 ● <pub-date>出版日期，元素出现 0 次或多次 ● <publisher>出版者，元素出现 0 次或 1 次 ● <volume-issue-group>卷期组，元素出现 0 次或多次 ● <abstract>摘要，元素出现 0 次或多次 ● <trans-abstract>其他语种摘要，元素出现 0 次或多次 ● <toc>目录，元素出现 0 次或多次 ● <series>丛书题名，元素出现 0 次或多次 ● <counts>计数，元素出现 0 次或 1 次 ● <notes>注释，元素出现 0 次或多次 ● <history>历史信息，元素出现 0 次或 1 次
相关元素	<article-meta>单篇文献元数据
属性	无
示例	<source-meta> <source-id source-id-type="nstl_spec"> A3SRC20160309101530123448118256A</source-id> <source-type>journal</source-type> <source-title-group> <source-title>ADVANCED ENERGY MATERIALS</source-title> <abbrev-source-title abbrev-type="wos">ADV ENERGY MATER</abbrev-journal-title> </source-title-group> … </source-meta>

8.39　source-title-group 来源题名组

中文名称	来源题名组
名称	source-title-group
URI	https://spec.nstl.gov.cn/namespace/1.0/source-title-group
定义	对来源的题名信息如来源题名、来源副题名、译名等进行封装的元素
注释	如果来源有多个不同的题名<source-title>元素，则<source-title-group>元素需要重复使用

续表

描述	以下元素按顺序出现： • <source-title>来源题名，元素出现 1 次 • <source-subtitle>来源副题名，元素出现 0 次或多次 • <trans-source>来源题名译名，元素出现 0 次或多次 • <abbrev-source-title>来源题名缩写，元素出现 0 次或多次
相关元素	描述来源题名的相关元素：<source-title>来源题名、<source-subtitle>来源副题名、<abbrev-source-title>来源题名缩写、<trans-source>来源题名译名
属性	无
示例	<source-title-group> <source-title>ADVANCED ENERGY MATERIALS</source-title> <abbrev-source-title abbrev-type = "wos">ADV ENERGY MATER</abbrev-journal-title> </source-title-group>

8.40 subj-class-kwd 主题/分类/关键词

中文名称	主题/分类/关键词
名称	subj-class-kwd
URI	https://spec. nstl. gov. cn/namespace/1. 0/subj-class-kwd
定义	对文献主题词、分类及关键词信息进行封装的元素
注释	既可描述来源的主题、分类、关键词，也可描述单篇文献的主题、分类、关键词
描述	以下元素的任意组合： • <subj-group>主题词信息，元素出现 0 次或多次 • <class-group>分类，元素出现 0 次或多次 • <kwd-group>关键词信息，元素出现 0 次或多次
相关元素	无
属性	facet-type 描述类型
示例	<subj-class-kwd facet-type = "article"> <subj-group subj-group-type = "STKOS"> <subject>Stress Fractures</subject> <subject>Breakage</subject> </subj-group> <kwd-group kwd-group-type = "author-generated">

续表

示例	<kwd>Medical Aspects</kwd> <kwd>Bone Fracture</kwd> </kwd-group> </subj-class-kwd>

8.41　subj-group 主题词信息描述

中文名称	主题词信息描述
名称	subj-group
URI	https://spec.nstl.gov.cn/namespace/1.0/subj-group
定义	对文献主题信息如主题词、主题词表等进行封装的元素
注释	<subj-group>包含 subj-group-type、xml: lang 属性，其中，subj-group-type 属性定义主题词的来源词表，如来自 STKOS 或 MeSH；xml: lang 属性可用于定义不同语言的主题词
描述	<subject>主题词，元素出现 1 次或多次，必备
相关元素	<class-group>分类、<kwd-group>关键词信息描述
属性	subj-group-type 主题词表 xml: lang 语种
示例	<subj-group subj-group-type="STKOS" xml: lang="en"> <subject>Stress Fractures</subject> <subject>Bone Fracture</subject> <subject>Breakage</subject> <subject>Medical Aspects</subject> </subj-group>

8.42　supplementary-material 附加资料

中文名称	附加资料
名称	supplementary-material
URI	https://spec.nstl.gov.cn/namespace/1.0/supplementary-material

续表

定义	对描述或指向外部资源的信息进行封装的元素，这些外部资源可支持文献，但不是文献内容的一部分
注释	附加资料通过提供多媒体对象、原始数据等，为文献增加细节、背景或情景信息
描述	以下元素按顺序出现： ● <object-id>对象标识符，元素出现 1 次或多次 ● <caption>文字说明，元素出现 0 次或多次 ● <alt-text>替代性文本描述，元素出现 0 次或多次
相关元素	无
属性	facet-type 描述类型 xml: lang 语种 specific-use 具体应用 mimetype MIME 类型 mime-subtype MIME 子类型 xlink: href 超链接
示例	<supplementary-material facet-type = "article" xml: lang = "en" mimetype = "pdf" specific-use = "archival-format" xlink: href = "/04135fs009"> <object-id pub-id-type = "internal_id"> B2SUP20160731210321113GJFLYDX2KJ </object-id> <caption> <p>Supplementary PDF file supplied by authors. </p> </caption> </supplementary-material>

8.43 table 表格

中文名称	表格
名称	table
URI	https://spec.nstl.gov.cn/namespace/1.0/table
定义	对描述表格的信息进行封装的元素
注释	表格可能会有两种形式，一种是可拆解的表格，一种是不可拆解的以图像形式存在的表格

续表

描述	以下元素按顺序出现： ● <object-id>对象标识符，元素出现 1 次或多次 ● <caption>文字说明，元素出现 0 次或多次 ● <graphic>图像，元素出现 0 次或多次 ● <thead>表头，元素出现 0 次或 1 次 ● <tbody>表格主体，元素出现 0 次或多次
相关元素	<table-group>表格组，描述表格的元素
属性	xml: lang 语种
示例	<table xml: lang = "en"> <thead> <tr> <th>Group</th> <th>HPMA<hr /> </th> <th>HMPMA<hr /> </th> <th>NNAL<hr /> </th> <th>NAT<hr /> </th> </tr> … </thead> </table>

8.44　table-group 表格组

中文名称	表格组
名称	table-group
URI	https://spec.nstl.gov.cn/namespace/1.0/table-group
定义	对描述一个或多个表格信息进行封装的元素
注释	无
描述	以下元素按顺序出现： ● <caption>文字说明，元素出现 0 次或多次 ● <table>表格，元素出现 0 次或多次
相关元素	<table>表格
属性	facet-type 描述类型

续表

示例	<table-group facet-type = "article" > < caption > < p > Number of subjects classified as increase/decrease base of endpoint sign and respective percentages for the four biomarkers, by product group. </p > </caption > < table > < thead > < tr > < th > Group </th > < th > HPMA < hr / > </th > < th > HMPMA < hr / > </th > < th > NNAL < hr / > </th > < th > NAT < hr / > </th > </tr > … </thead > </table > </table-group >

8.45 tbody 表格主体

中文名称	表格主体
名称	tbody
URI	https://spec.nstl.gov.cn/namespace/1.0/tbody
定义	对形成表格的行（除首行）进行封装的元素
注释	与 < thead > 表头结合使用
描述	< tr > 行，元素出现 0 次或多次
相关元素	< thead > 表头
属性	无
示例	< table > … < tbody > < tr > < td > January </td >

续表

示例	<td> $100 </td> </tr> <tr> <td>February</td> <td> $80 </td> </tr> </tbody> </table>

8.46　thead 表头

中文名称	表头
名称	thead
URI	https://spec.nstl.gov.cn/namespace/1.0/thead
定义	对表格首行进行封装的元素
注释	与<tbody>结合使用
描述	<tr>行，元素出现 0 次或多次
相关元素	<tbody>表格主体
属性	无
示例	<table> <thead> <tr> <th>Group</th> <th>HPMA<hr/> </th> </tr> … </thead> </table>

8.47　title-group 题名组

中文名称	题名组
名称	title-group

续表

URI	https: //spec. nstl. gov. cn/namespace/1. 0/title-group
定义	对包含一个或多个不同类型的单篇文献题名进行封装的元素
注释	不包含脚注或尾注的题名
描述	以下元素按顺序出现： ● <article-title>题名，元素出现 1 次 ● <subtitle>副题名，元素出现 0 次或多次 ● <trans-title-group>题名译名组，元素出现 0 次或多次 ● <alt-title>交替题名，元素出现 0 次或多次
相关元素	描述单篇文献题名的相关元素：<article-title>题名、<subtitle>副题名、<alt-title>交替题名、<trans-title>题名译名和<trans-subtitle>副题名译名
属性	无
示例	<title-group> <article-title>Effect of Interfacial Engineering in Solid-State Nanostructured Sb2S3 Heterojunction Solar Cells </article-title> </title-group>

8.48 toc 目录

中文名称	目录
名称	toc
URI	https: //spec. nstl. gov. cn/namespace/1. 0/toc
定义	对文献目录信息进行封装的元素
注释	主要是指图书目录信息
描述	<section>章节，元素出现 0 次或多次
相关元素	无
属性	xml: lang 语种
示例	<toc xml: lang = "zh"> <section sec-type = "1"> <title>引言</title> <fpage>7</fpage> <section sec-type = "2"> <title>规范性引用文件</title> <fpage>7</fpage> </section>

续表

示例	<section sec-type = "3"> <title>术语和定义</title> <fpage>8</fpage> </section> … </toc>

8.49　tr 行

中文名称	行
名称	tr
URI	https://spec.nstl.gov.cn/namespace/1.0/tr
定义	表格中的行，对单元格进行封装的元素
注释	<tr>元素包含一个或多个<th>或<td>元素
描述	以下元素的任意组合： ● <th>表头单元格，元素出现 0 次或多次 ● <td>标准单元格，元素出现 0 次或多次
相关元素	无
属性	无
示例	<table> <thead> <tr> <th>Group</th> <th>HPMA<hr/></th> <th>HMPMA<hr/></th> <th>NNAL<hr/></th> <th>NAT<hr/></th> </tr> … </thead> </table>

8.50 trans-title-group 题名译名组

中文名称	题名译名组
名称	trans-title-group
URI	https://spec.nstl.gov.cn/namespace/1.0/trans-title-group
定义	对描述单篇文献其他语种题名信息进行封装的元素
注释	<trans-title-group>包含<trans-title>和<trans-subtitle>，属性 xml: lang 仅放在<trans-title-group>中，即一个<trans-title-group>只能表达同语种译名
描述	以下元素按顺序出现： • <trans-title>题名译名，元素出现 1 次 • <trans-subtitle>副题名译名，元素出现 0 次或多次
相关元素	描述单篇文献题名的相关元素：<article-title>题名、<subtitle>副题名、<alt-title>交替题名、<trans-title>题名译名和<trans-subtitle>副题名译名
属性	xml: lang 语种
示例	<trans-title-group xml: lang = "fr"> <trans-title>La Loi 114 du Qué bec</trans-title> </trans-title-group>

8.51 variants 文献其他形式信息

中文名称	文献其他形式信息
名称	variants
URI	https://spec.nstl.gov.cn/namespace/1.0/variants
定义	对同一篇文献的不同表达形式数量及标识符信息进行封装的元素
注释	主要是描述指向同一文献的不同表达形式的参考文献信息
描述	<pub-id>出版物标识符，元素出现 1 次或多次
相关元素	<same-as>归一关系
属性	count 数量
示例	<same-as> <article-id pub-id-type = "nstl_spec"> B2ART20160805181108037XP5E18KVJF</article-id> <variants count = 2> <pub-id pub-id-type = "internal_id"> B2REF20160208152310321042383676C</pub-id> <pub-id>B2REF20150918124568946435678356D</pub-id> </variants> </same-as>

8.52　volume-issue-group 卷期组

中文名称	卷期组
名称	volume-issue-group
URI	https: //spec. nstl. gov. cn/namespace/1. 0/volume-issue-group
定义	对卷、期信息进行封装的元素
注释	描述了来源的卷、丛卷、期、分期、总期、增期、期信息描述
描述	以下元素按顺序出现： • <volume>卷，元素出现 0 次或多次 • <volume-series>丛卷，元素出现 0 次或 1 次 • <issue>期，元素出现 0 次或多次 • <issue-part>分期，元素出现 0 次或 1 次 • <issue-total>总期，元素出现 0 次或 1 次 • <supplement>增期，元素出现 0 次或 1 次 • <string-issue>期信息描述，元素出现 0 次或 1 次
相关元素	无
属性	无
示例	<volume-issue-group> 　<volume>1</volume> 　<issue>1</issue> </volume-issue-group>

8.53　xref 交叉引用

中文名称	交叉引用
名称	xref
URI	https: //spec. nstl. gov. cn/namespace/1. 0/xref
定义	对文献中的对象如机构、地址等进行引用
注释	此元素可以用来引用任何有 sno 属性的元素。<xref>的 ref-type 属性可以用来表示被引用元素的类型。是贡献者与机构关联、贡献者与地址关联、机构与地址关联的方式

续表

描述	以下元素的任意组合： • 文本、数字或特殊字符 • <chem-struct>化学结构，元素出现 0 次或多次 • <mml: math>数学公式，元素出现 0 次或多次 • <sub>下标，元素出现 0 次或多次 • <sup>上标，元素出现 0 次或多次
相关元素	无
属性	ref-type 引用目标对象类型 rsno 内部序号引用
示例	<xref ref-type = "inst" rsno = "1" > 1 </xref>

9 属性

9.1 元素集属性简表

9.1.1 来源元素集属性简表

来源元素集属性简表如表 2－18 所示。

表 2－18 来源元素集属性简表

序号	中文名称	名称	限制条件	复用 JATS
1	来源唯一标识符类型	source-id-type	O	是
2	语种	xml: lang	O	是
3	具体应用	specific-use	O	是
4	超链接	xlink: href	O	是
5	缩写类型	abbrev-type	O	是
6	出版物格式	publication-format	O	是
7	日历类型	calendar	O	是
8	日期类型	date-type	O	是
9	GB/T 7408 格式日期	gbt-7408-date	O	是
10	摘要类型	abstract-type	O	是
11	章节类型	sec-type	O	是
12	注释类型	notes-type	O	是

9.1.2　单篇文献元素集属性简表

单篇文献元素集属性简表如表 2 – 19 所示。

表 2 – 19　单篇文献元素集属性简表

序号	中文名称	名称	限制条件	复用 JATS
1	出版物标识符类型	pub-id-type	O	是
2	内容类型	content-type	O	是
3	语种	xml: lang	O	是
4	摘要类型	abstract-type	O	是
5	序号	seq	O	是
6	计数对象类型	count-type	M	是
7	注释类型	notes-type	O	是
8	日历类型	calendar	O	是
9	日期类型	date-type	O	是
10	GB/T 7408 格式日期	gbt-7408-date	O	是
11	出版物格式	publication-format	O	是

9.1.3　主题/分类/关键词元素集属性简表

主题/分类/关键词元素集属性简表如表 2 – 20 所示。

表 2 – 20　主题/分类/关键词元素集属性简表

序号	中文名称	名称	限制条件	复用 JATS
1	描述类型	facet-type	M	否
2	主题词表	subj-group-type	O	是
3	内容类型	content-type	O	是
4	分类法	class-group-type	O	否
5	关键词类型	kwd-group-type	O	是
6	语种	xml: lang	O	是

9.1.4　贡献者/机构元素集属性简表

贡献者/机构元素集属性简表如表 2 – 21 所示。

表 2 – 21　贡献者/机构元素集属性简表

序号	中文名称	名称	限制条件	复用 JATS
1	描述类型	facet-type	M	否
2	贡献者类型	contrib-type	O	是
3	通信作者	corresp	O	是
4	序号	seq	M	是

续表

序号	中文名称	名称	限制条件	复用 JATS
5	贡献者标识符类型	contrib-id-type	O	是
6	姓名类型	name-style	O	是
7	语种	xml: lang	O	是
8	具体应用	specific-use	O	是
9	姓名首字母	initials	O	是
10	团体作者类型	collab-type	O	是
11	外部链接类型	ext-link-type	O	是
12	内容类型	content-type	O	是
13	超链接	xlink: href	O	是
14	引用目标对象类型	ref-type	O	是
15	内部序号引用	rsno	O	否
16	内部序号	sno	O	否
17	机构标识符类型	institution-id-type	O	是
18	国家	country	O	是

9.1.5 会议元素集属性简表

会议元素集属性简表如表 2－22 所示。

表 2－22 会议元素集属性简表

序号	中文名称	名称	限制条件	复用 JATS
1	描述类型	facet-type	M	否
2	超链接	xlink: href	O	是
3	语种	xml: lang	O	是
4	会议标识符类型	conf-id-type	O	否
5	会议名称类型	conf-name-type	O	否
6	具体应用	specific-use	O	是
7	国家	country	O	是
8	日历类型	calendar	O	是
9	日期类型	date-type	O	是
10	GB/T 7408 格式日期	gbt-7408-date	O	是
11	会议届次类型	conf-num-type	O	否

9.1.6 基金元素集属性简表

基金元素集属性简表如表 2－23 所示。

表 2 – 23 基金元素集属性简表

序号	中文名称	名称	限制条件	复用 JATS
1	描述类型	facet-type	M	否
2	基金项目类型	award-type	O	是
3	超链接	xlink: href	O	是
4	基金项目标识符类型	award-id-type	O	否
5	具体应用	specific-use	O	是
6	日历类型	calendar	O	是
7	日期类型	date-type	O	是
8	GB/T 7408 格式日期	gbt-7408-date	O	是
9	货币类型	currency	O	是

9.1.7 操作信息元素集属性简表

操作信息元素集属性简表如表 2 – 24 所示。

表 2 – 24 操作信息元素集属性简表

序号	中文名称	名称	限制条件	复用 JATS
1	描述类型	facet-type	M	否
2	数据状态	state	M	否
3	数据来源	data-source	O	否
4	日历类型	calendar	O	是
5	日期类型	date-type	O	是
6	GB/T 7408 格式日期	gbt-7408-date	O	否
7	机构标识符类型	institution-id-type	O	是

9.1.8 获取管理元素集属性简表

获取管理元素集属性简表如表 2 – 25 所示。

表 2 – 25 获取管理元素集属性简表

序号	中文名称	名称	限制条件	复用 JATS
1	描述类型	facet-type	M	否
2	获取方式	access-type	M	否
3	序号	seq	O	是
4	数据状态	state	M	否
5	机构标识符类型	institution-id-type	O	是
6	语种	xml: lang	O	是

续表

序号	中文名称	名称	限制条件	复用 JATS
7	内容类型	content-type	O	是
8	具体应用	specific-use	O	是
9	外部链接类型	ext-link-type	O	是
10	超链接	xlink: href	O	是
11	出版物标识符类型	pub-id-type	O	是
12	使用许可类型	license-type	O	是

9.1.9 全文文件元素集属性简表

全文文件元素集属性简表如表 2－26 所示。

表 2－26 全文文件元素集属性简表

序号	中文名称	名称	限制条件	复用 JATS
1	描述类型	facet-type	M	否
2	语种	xml: lang	O	是
3	MIME 类型	mimetype	O	是
4	MIME 子类型	mime-subtype	O	是
5	具体应用	specific-use	O	是
6	出版物标识符类型	pub-id-type	O	是
7	测量单位	units	M	是

9.1.10 图元素集属性简表

图元素集属性简表如表 2－27 所示。

表 2－27 图元素集属性简表

序号	中文名称	名称	限制条件	复用 JATS
1	描述类型	facet-type	M	否
2	语种	xml: lang	O	是
3	出版物标识符类型	pub-id-type	O	是
4	超链接	xlink: href	M	是

9.1.11 表元素集属性简表

表元素集属性简表如表 2－28 所示。

表 2－28　表元素集属性简表

序号	中文名称	名称	限制条件	复用 JATS
1	描述类型	facet-type	M	否
2	语种	xml: lang	O	是
3	出版物标识符类型	pub-id-type	O	是
4	超链接	xlink: href	M	是

9.1.12　附加资料元素集属性简表

附加资料元素集属性简表如表 2－29 所示。

表 2－29　附加资料元素集属性简表

序号	中文名称	名称	限制条件	复用 JATS
1	描述类型	facet-type	M	否
2	语种	xml: lang	O	是
3	具体应用	specific-use	O	是
4	MIME 类型	mimetype	O	是
5	MIME 子类型	mime-subtype	O	是
6	超链接	xlink: href	O	是
7	出版物标识符类型	pub-id-type	O	是

9.1.13　参考文献元素集属性简表

参考文献元素集属性简表如表 2－30 所示。

表 2－30　参考文献元素集属性简表

序号	中文名称	名称	限制条件	复用 JATS
1	描述类型	facet-type	M	否
2	序号	seq	M	是
3	参考文献类型	publication-type	O	是
4	出版物格式	publication-format	O	是
5	语种	xml: lang	O	是
6	出版物标识符类型	pub-id-type	O	是
7	贡献者类型	contrib-type	O	是
8	内容类型	content-type	O	是
9	日历类型	calendar	O	是
10	日期类型	date-type	O	是
11	GB/T 7408 格式日期	gbt-7408-date	O	是

续表

序号	中文名称	名称	限制条件	复用 JATS
12	国家	country	O	是
13	外部链接类型	ext-link-type	O	是
14	超链接	xlink: href	O	是

9.2 属性定义

9.2.1 abbrev-type 缩写类型

中文名称	缩写类型
名称	abbrev-type
定义	可以是通用缩写名称类型，也可以是机构或系统中的缩写名称类型
属性值	用于限定元素 <abbrev-source-title> 可使用名称、首字母缩写或描述词汇表达规范文档来源机构的缩写，推荐但不限于以下取值： • abbrev_iso：缩写规则遵循 ISO 标准 • nstl：缩写来自 NSTL • wos_abbrev_11：缩写来自 Web of Science 中的 abbrev_11 字段 • wos_abbrev_29：缩写来自 Web of Science 中的 abbrev_29 字段 • publisher：缩写来自出版商
使用限制	可选属性，没有默认值
示例	<abbrev-source-title abbrev-type = "publisher" > Epidemiol. Infect. </abbrev-source-title>

9.2.2 abstract-type 摘要类型

中文名称	摘要类型
名称	abstract-type
定义	出版者定义的摘要类型或样式如“short”“graphic”“ASCII”“stereochemical”
属性值	用于限定元素 <abstract> 出版者记录的任何摘要类型都可保留，推荐但不限于以下取值： • ASCII：文本摘要，不包含特殊字符或公式 • executive-summary：非技术性的文献主要发现总结 • graphical：图示方式，如图像或视频 • editor：编辑者写的摘要而非作者所写 • key-points：列出了文献关键点的摘要

续表

属性值	• objectives：用于解释文献目标或学习目标的摘要 • section：包含文献章节标题的摘要，每个标题下对章节进行总结 • short：简写摘要，例如，在内容目录中引用或在检索中跟随文献题名返回 • stereochemical：仅包含化学方程式细节的摘要 • summary：摘要总结，通常与其他类型摘要一同使用 • teaser：一个简短摘要，为引起阅读兴趣而写 • toc：非常短的摘要，通常一到两行，显示在目录中 • web-summary：为在网上发布的简短总结
使用限制	可选属性，没有默认值
示例	<abstract abstract-type = "short">Arboviral infections are emerging among tourists travelling to (sub) tropical regions. ...</abstract>

9.2.3 access-type 获取方式

中文名称	获取方式
名称	access-type
定义	资源的获取方式
属性值	用于限定元素<access-group> 推荐以下取值： • holding：馆藏 • commercial：购买的商业资源 • open access：开放获取资源
使用限制	必备属性，需要指定资源的可获取方式
示例	<access-group facet-type = "article" access-type = "holding"> <holding> <holding-number>CN111024</holding-number> </holding> </access-group>

9.2.4 award-id-type 基金项目标识符类型

中文名称	基金项目标识符类型
名称	award-id-type
定义	主要是指机构或系统赋予的基金项目标识符类型

续表

属性值	用于限定元素 <award-id> 如果是基金项目资助机构分配的唯一标识符，取值为“grant_number” 如果是其他机构或系统赋予的标识符，推荐取值规则：机构或系统名称_机构或系统中的基金项目标识符字段名称。通过标识机构或系统中的标识符字段名称，可解决一个机构或系统中有多种标识符的问题 属性值为“nstl_spec”，默认为 NSTL 数据唯一标识符 属性值为“internal_id”，默认为 NSTL 系统内部数据编号 机构或系统名称，推荐但不限于以下取值： • nstl：NSTL • publisher：出版商
使用限制	可选属性，没有默认值
示例	<award-id award-id-type = "nstl_spec"> C2AWD20160805181122419FAKLLBMS8L </award-id> <award-id award-id-type = "internal_id"> B2AWD20160805181024209NVWCOH52CD </award-id> <award-id award-id-type = "grant_number"> DMS-0244638 </award-id>

9.2.5 award-type 基金项目类型

中文名称	基金项目类型
名称	award-type
定义	按范围或级别等划分的基金项目的类型
属性值	用于限定元素 <award-group> 推荐以下取值： • international：国际级 • national：国家级 • province：省部级 • general：一般
使用限制	可选属性，没有默认值
示例	<award-group award-type = "national"> <award-id award-id-type = "grant_number"> 10525524 </award-id> <award-name> Health effects of nanomaterials and nanosafety study </award-name> </award-group>

9.2.6　calendar 日历类型

中文名称	日历类型
名称	calendar
定义	日历所用类型，如格里高利历（公历）、中国日历、日本日历（天皇年）等
属性值	用于限定元素 <pub-date>、<date>、<conf-date>、<award-date>、<process-date> 推荐但不限于以下取值： • Arabic-Hijrah：阿拉伯日历 • Chinese：中国日历 • ROC：民国日历 • English-Hijrah：英国日历 • Gregorian：格里高利历 • Japanese：日本日历 • Korean：朝鲜日历 • Persian：波斯日历
使用限制	可选属性，默认值为格里高利历（公历）
示例	<pub-date publication-format = "print" calendar = "Chinese" gbt-7408-date = "2013-03-19" > <day>19</day> <month>03</month> <year>2013</year> </pub-date> <history> <date date-type = "created" calendar = "Chinese" gbt-7408-date = "2013-03-19" > <day>19</day> <month>03</month> <year>2013</year> </date> <history> <conf-date date-type = "start" calendar = "ROC" gbt-7408-date = "2013-03-19" > <day>19</day> <month>03</month> <year>102</year> </conf-date> <process-date date-type = "created" calendar = "Chinese" gbt-7408-date = "2013-03-19" >2013-03-19</process-date>

9.2.7 class-group-type 分类法

中文名称	分类法
名称	class-group-type
定义	描述分类来源的词表或本体等信息
属性值	用于限定元素 < class-group > 推荐但不限于以下取值： • CLC：中国图书馆图书分类法 • LASC：中国科学院图书馆图书分类法 • DDC：杜威十进制图书分类法 • LCC：美国公立图书馆分类法 • UDC：国际十进分类法 • ICD9-codes：医学临床中对疾病的分类
使用限制	可选属性，没有默认值
示例	< class-group class-group-type = "CLC" > < classification > G35 < /classification > < classification > R19 < /classification > < /class-group >

9.2.8 collab-type 团体作者类型

中文名称	团体作者类型
名称	collab-type
定义	团体作者的类型，即他们对出版物的贡献，如“author”“editor”
属性值	用于限定元素 < collab > 推荐但不限于以下取值： • assignee：专利获得者 • author：作者 • editor：内容编辑 • compiler：汇编者 • guest-editor：受邀编辑 • inventor：发明者 • translator：译者 • illustrator：插图者 • designer：设计者
使用限制	可选属性，没有默认值
示例	< collab collab-type = "author" > Library of Congress < /collab >

9.2.9 conf-id-type 会议标识符类型

中文名称	会议标识符类型
名称	conf-id-type
定义	主要是指机构或系统中的会议标识符类型
属性值	用于限定元素 <conf-id> 对于会议标识符类型，推荐取值规则：机构或系统名称_机构或系统中的会议标识符字段名称。例如，机构或系统名称为 wos，标识符字段名称为 wos 中的会议标识符字段 conf_id，则属性值为“wos_conf_id”，表示会议标识符来自 wos，取值对应的是其 conf_id 字段值。通过标识机构或系统中的标识符字段名称，可解决一个机构或系统中有多种标识符的问题 属性值为“nstl_spec”，默认为 NSTL 数据唯一标识符 属性值为“internal_id”，默认为 NSTL 系统内部数据编号 机构或系统名称，推荐但不限于以下取值： • nstl：NSTL • wos：Web of Science • publisher：出版商
使用限制	可选属性，没有默认值
示例	<conf-id conf-id-type = "nstl_spec" > C2CON20151018042383683448118256A </conf-id> <conf-id conf-id-type = "internal_id" > B2CON2016080518112241980B8ZCND93 </conf-id>

9.2.10 conf-name-type 会议名称类型

中文名称	会议名称类型
名称	conf-name-type
定义	指定会议名称的类型是父会议名称或者子会议名称
属性值	用于限定元素 <conf-name> 推荐以下取值： • parent：父会议名称 • child：子会议名称
使用限制	可选属性，没有默认值
示例	<conf-name conf-name-type = "parent" > IEEE 65th Electronic Components and Technology Conference </conf-name>

9.2.11 conf-num-type 会议届次类型

中文名称	会议届次类型
名称	conf-num-type
定义	连续举办的会议届次类型
属性值	用于限定元素 <conf-num> 推荐以下取值： ● session：会议届次 ● session-num：会议届编号 ● times-num：会议次编号
使用限制	可选属性，没有默认值
示例	<conf-num conf-num-type = "session" >5th </conf-num> <conf-num conf-num-type = "session-num" >5 </conf-num>

9.2.12 content-type 内容类型

中文名称	内容类型
名称	content-type
定义	用于描述相关内容的类型
属性值	用于限定元素 <subject>、<classification>、<kwd>，推荐但不限于以下取值： ● code：代码 ● text：文本 ● abbrev：缩写 ● expansion：全称 用于限定元素 <institution>，推荐但不限于以下取值： ● edu：教育机构 ● research：科研机构 ● gov：政府机构 ● medical：医疗机构 ● company：各类企业 ● laboratory：实验室 ● dept：部门 ● office：办公室 用于限定元素 <ext-link>，推荐取值有："pdf""html" 等 用于限定元素 <article-type>，推荐但不限于以下取值： ● bachelor：学士 ● master：硕士 ● doctor：博士 ● postdoctor：博士后

续表

属性值	• research：研究型 • summary：综述 • news：新闻
使用限制	可选属性，没有默认值
示例	<subject content-type = "text"> DNA Microarrays </subject> <classification content-type = "code"> G350 </classification> <kwd content-type = "text"> reference change value </kwd> <institution content-type = "research"> National Science and Technology library </institution> <ext-link ext-link-type = "uri" content-type = "html" xlink: href = "http://www.nstl.gov.cn/"> NSTL 网址 </ext-link> <article content-type = "master"> thesis </article>

9.2.13　contrib-id-type 贡献者标识符类型

中文名称	贡献者标识符类型
名称	contrib-id-type
定义	可以是通用贡献者标识符类型，也可以是机构或系统中的标识符类型
属性值	用于限定元素 <contrib-id> 既可以是通用标识符，推荐取值："ORCID""ResearcherID""AuthorID""ISNI"等。也可以是机构或系统赋予的标识符，推荐取值规则：机构或系统名称_机构或系统中的贡献者标识符字段名称。例如，机构或系统名称为 wos，标识字段名称为 wos 中的贡献者标识符字段 dais_id，则属性值为"wos_dais_id"，表示贡献者标识符来自 wos，取值对应的是其 dais_id 字段值。通过标识机构或系统中的标识符字段名称，可解决一个机构或系统中有多种标识符的问题 属性值为"nstl_spec"，默认为 NSTL 数据唯一标识符 属性值为"internal_id"，默认为 NSTL 系统内部数据编号 机构或系统名称，推荐但不限于以下取值： • nstl：NSTL • wos：Web of Science • publisher：出版商
使用限制	可选属性，没有默认值
示例	<contrib-id contrib-id-type = "nstl_spec"> C2CTR20160805181122419OQU0A5JEFZ </contrib-id> <contrib-id contrib-id-type = "internal_id"> B2CTR20160805181108010V57G2DPNKP </contrib-id> <contrib-id contrib-id-type = "wos_dais_id"> 12674956 </contrib-id> <contrib-id contrib-id-type = "ResearcherID"> 16299144 </contrib-id>

9.2.14 contrib-type 贡献者类型

中文名称	贡献者类型
名称	contrib-type
定义	个人作者的贡献类型
属性值	用于限定元素 < contrib > 推荐但不限于以下取值： • author：作者 • editor：内容编辑 • illustrator：插图者 • designer：设计者 • research assistant：研究助理 • supervisor：导师 • host-editor：主编 • assignee：专利获得者 • compiler：汇编者 • curator：数据策管或存档人员 • guest-editor：受邀编辑 • inventor：发明者 • transed：译著编辑者 • translator：译者 • sponsor：举办者 • host：主办 • organizer：承办
使用限制	可选属性，没有默认值
示例	< contrib contrib-type = "author" corresp = "yes" > < name > < surname > Baecher < /surname > < given-names > Silvia < /given-names > < /name > < email > silvia. baecher@ med. uni-muenchen. de < /email > < /contrib >

9.2.15 corresp 通信作者

中文名称	通信作者
名称	corresp
定义	用来表示作者是不是通信作者。大部分期刊只指定一个通信作者，但一部分期刊可能有多个通信作者

续表

属性值	用于限定元素 <contrib>。通过 “yes” “no” 表示是否是通信作者
使用限制	可选属性，没有默认值
示例	<contrib contrib-type = "author" corresp = "yes"> <name> <surname>Baecher</surname> <given-names>Silvia</given-names> </name> <email>silvia. baecher@ med. uni-muenchen. de</email> </contrib>

9. 2. 16　count 数量

中文名称	数量
名称	count
定义	引用关系中表达文献被引的次数，归一关系中表达文献归一上的数量，规范关系中表达数据对象归一上的数量
属性值	用于限定元素 <citings>、<variants>、<alternatives>，取值为数字
使用限制	必备属性
示例	<cited-by> <article-id pub-id-type = "nstl_spec"> B2ART201608051810242102HEXDMHNNF</article-id> <citings count = 3> <article-id pub-id-type = "nstl_spec"> B2ART20160805181024375EFBGVPY7GL</article-id> <article-id pub-id-type = "nstl_spec"> B2ART201608051810243870GYJJVD3Q9</article-id> <article-id pub-id-type = "nstl_spec"> B2ART20160805181106527XU9VOLFBS5</article-id> </citings> </cited-by> <same-as> <article-id pub-id-type = "nstl_spec"> B2ART20160805181108037XP5E18KVJF</article-id> <variants count = 2> <pub-id pub-id-type = "internal_id"> B2REF20160208152310321042383676C</pub-id> <pub-id>B2REF20150918124568946435678356D</pub-id>

续表

示例	</variants> </same-as> <has-appellation> <contrib-id contrib-id-type = "nstl_spec"> C2CTR20160805181032389CPKHJ71XCT </contrib-id> <alternatives count = 3> <contrib-id contrib-id-type = "internal_id"> B2CTR20160805181048701F80T3SPM6T </contrib-id> <contrib-id contrib-id-type = "internal_id"> B2CTR20160805181048701TUXZQQFJYP </contrib-id> <contrib-id contrib-id-type = "internal_id"> B2CTR20160731210312885 6G6DH4V3HR </contrib-id> </alternatives> </has-appellation>

9.2.17 country 国家

中文名称	国家
名称	country
定义	国家的名称和代码
属性值	用于限定元素 <country> 国家的名称代码，采用 GB/T 2659 的 2 字母代码。如"United States of America"简称"US"
使用限制	可选属性，没有默认值
示例	<country country = "US"> The United States of America </country>

9.2.18 count-type 计数对象类型

中文名称	计数对象类型
名称	count-type
定义	被统计的对象，如图、表、作者、公式、参考文献、页数、字数等
属性值	用于限定元素 <count> 推荐但不限于以下取值： • figures：图 • tables：表 • equations：公式 • references：参考文献 • pages：页数 • words：字数 • contributors：贡献者数

续表

使用限制	使用 <count> 元素时此属性必备
示例	<counts> <count count-type="contributors">3</count> <count count-type="pages">12</count> <count count-type="figures">4</count> <count count-type="tables">2</count> <count count-type="equations">3</count> <count count-type="references">15</count> <count count-type="words">6000</count> </counts>

9.2.19　currency 货币类型

中文名称	货币类型
名称	currency
定义	主要指基金项目资助金额的货币代码。虽为可选属性，但建议金额中包括此属性
属性值	用于限定元素 <award-amount> 采用 GB/T 12406 3 位数字代码，如 CNY、USD、CAD、EUR、RUB 等
使用限制	可选属性，没有默认值
示例	<award-amount currency="CNY">20000</award-amount>

9.2.20　data-source 数据来源

中文名称	数据来源
名称	data-source
定义	所操作处理的数据的来源出版社或数据库等
属性值	用于限定元素 <process-group>。推荐但不限于以下取值： • nstl：NSTL • wos：Web of Science • iop：英国皇家物理学会 • cup：剑桥大学出版社 • oup：牛津大学出版社 • degruyter：德古意特出版社 • emerald：Emerald 出版社 • hindawi：Hindawi 出版社 • scirp：美国科研出版社 • taylor：Taylor 出版社

续表

属性值	• wiley：Wiley 出版社 • wsn：WSN 出版社 • cnpiec：中图公司
使用限制	可选属性，没有默认值
示例	<process-group facet-type = "article" state = "normal" data-source = "nstl"> <process-date>2015-09-15</date> <institution-id institution-id-type = "nstl_library_code"> CN311001 </institution-id> <institution>中国科学院文献情报中心</institution> <mode>key in</mode> </process-group> <process-group facet-type = "article" state = "normal" data-source = "wos"> <process-date>2016-04-15</date> <institution-id institution-id-type = "nstl_library_code"> CN311001 </institution-id> <institution>中国科学院文献情报中心</institution> <mode>import</mode> </process-group>

9.2.21 date-type 日期类型

中文名称	日期类型
名称	date-type
定义	记录操作节点的日期类型
属性值	用于限定元素<pub-date>、<date>、<conf-date>、<award-date>、<process-date> 推荐但不限于以下取值： • accepted：收稿日期 • received：录用日期 • rev-recd：修改稿接收日期 • rev-request：请求修改稿日期 • corrected：校对日期 • preprint：预印本传播日期 • retracted：撤稿日期 • created：创建日期 • updated：最后一次更新日期 • pub：出版日期

续表

属性值	• submit：提交日期 • thesis-defense：答辩日期 • start：开始日期 • end：结束日期 • access：检索日期
使用限制	可选属性，没有默认值
示例	<pub-date publication-format="print" calendar="Chinese" gbt-7408-date="2013-03-19"> <day>19</day> <month>03</month> <year>2013</year> </pub-date> <ref> <pub-id pub-id-type="internal_id"> B2REF20160805181024209NVWCOH52CD</pub-id> <article-title>Getting ready for building: signaling and autophagosome biogenesis</article-title> <source-title>EMBO Reports</source-title> <date date-type="pub" calendar="Chinese" gbt-7408-date="2013-03-19"> <day>19</day> <month>03</month> <year>2013</year> </date> </ref> <conf-date date-type="start" calendar="ROC" gbt-7408-date="2013-03-19"> <day>19</day> <month>03</month> <year>102</year> </conf-date> <process-date date-type="created" calendar="Chinese" gbt-7408-date="2013-03-19">2013-03-19</process-date>

9.2.22　ext-link-type 外部链接类型

中文名称	外部链接类型
名称	ext-link-type
定义	外部链接的类型，可能包括特定数据源（如“pdb”“pir”）、标识符类型（如“doi”）或访问方式（如“ftp”“uri”）

续表

属性值	用于限定元素 <ext-link> 推荐但不限于以下取值： • aoi：天文学对象标识符 • doi：数字对象唯一标识符 • ec：酶命名 • email：邮箱地址 • ftp：ftp 协议 • gen：GenBank 标识符 • genpept：翻译的蛋白编码序列数据库 • highwire：HighWire • nlm-ta：NLM 题名缩写 • pdb：蛋白质数据，见 http://www.rcsb.org/pdb/ • pgr：植物基因注册 • pir：蛋白质信息资源，见 http://pir.georgetown.edu/ • pmcid：PubMed 中心标识符 • pmid：PubMed 标识符 • sprot：Swiss-Prot，见 http://www.ebi.ac.uk/swissprot/ • uri：统一资源定位符 • url：URL 如果外部数据源不在所列举的类型中，应该命名其链接或访问方式
使用限制	可选属性，没有默认值
示例	<ext-link ext-link-type = "uri" xlink:href = "http://www.degruyter.com/view/j/cclm.2014.52.issue-3/issue-files/cclm.2014.52.issue-3.xml">http://www.degruyter.com/view/j/cclm.2014.52.issue-3/issue-files/cclm.2014.52.issue-3.xml</ext-link>

9.2.23 facet-type 描述类型

中文名称	描述类型
名称	facet-type
定义	用于说明元素集描述的对象类型，可能是来源，也可能是单篇文献
属性值	用于限定元素 <subj-class-kwd>、<contrib-group>、<conference>、<funding-group>、<process-group>、<access-group>、<fig-group>、<table-group>、<fulltext-file>、<supplementary-material>、<ref-list> 推荐但不限于以下取值： • source：来源 • article：单篇文献

续表

使用限制	必备属性，默认为单篇文献
示例	<subj-class-kwd facet-type = "article"> <subj-group subj-group-type = "STKOS"> <subject>Stress Fractures</subject> <subject>Breakage</subject> </subj-group> <kwd-group kwd-group-type = "author-generated"> <kwd>Medical Aspects</kwd> <kwd>Bone Fracture</kwd> </kwd-group> </subj-class-kwd> <contrib-group facet-type = "article"> <contrib contrib-type = "author" corresp = "yes"> <contrib-id contrib-id-type = "internal_id"> B2CTR20160805181024375JZPQ9QB44P</contrib-id> <name> <surname>Camacho</surname> <given-names>Oscar M. </given-names> </name> <email>oscar_m_camacho@ bat. com</email> </contrib> <contrib contrib-type = "author"> <contrib-id contrib-id-type = "internal_id"> B2CTR20160805181108010V57G2DPNKP</contrib-id> <name> <surname>Shepperd</surname> <given-names>Christopher J. </given-names> </name> </contrib> </contrib-group>

9.2.24　gbt-7408-date GB/T 7408 格式日期

中文名称	GB/T 7408 格式日期
名称	gbt-7408-date
定义	机读日期，一般用公历日期表示

续表

属性值	用于限定元素 <pub-date>、<date>、<conf-date>、<award-date>、<process-date> 遵循 GB/T 7408 标准，如（YYYY-MM-DDThh: mm: ss）
使用限制	可选属性，没有默认值
示例	<pub-date publication-format = "print" calendar = "Chinese" gbt-7408-date = "2013-03-19"> <day>19</day> <month>03</month> <year>2013</year> </pub-date> <ref> <pub-id pub-id-type = "internal_id"> B2REF20160805181024209NVWCOH52CD</pub-id> <article-title>Getting ready for building: signaling and autophagosome biogenesis</article-title> <source-title>EMBO Reports</source-title> <date date-type = "pub" calendar = "Chinese" gbt-7408-date = "2013-03-19"> <day>19</day> <month>03</month> <year>2013</year> </date> </ref> <conf-date date-type = "start" calendar = "ROC" gbt-7408-date = "2013-03-19"> <day>19</day> <month>03</month> <year>102</year> </conf-date> <process-date date-type = "created" calendar = "Chinese" gbt-7408-date = "2013-03-19"> 2013-03-19</process-date>

9.2.25 initials 姓名首字母

中文名称	姓名首字母
名称	initials
定义	姓或名的首字母
属性值	用于限定元素 <given-names>、<surname>

续表

使用限制	可选属性，没有默认值
示例	<surname intitials = "F" >Fukumoto </surname>

9.2.26　institution-id-type 机构标识符类型

中文名称	机构标识符类型
名称	institution-id-type
定义	可以是通用机构标识符类型，也可以是机构或系统中的标识符类型
属性值	用于限定元素 <institution-id> 既可以是通用标识符，推荐取值："Ringgold""ISNI" 等。也可以是机构或系统赋予的机构标识符，推荐取值规则：机构或系统名称_机构或系统中的机构标识符字段名称。通过标识机构或系统中的标识符字段名称，可解决一个机构或系统中有多种标识符的问题 属性值为"nstl_spec"，默认为 NSTL 数据唯一标识符 属性值为"internal_id"，默认为 NSTL 系统内部数据编号 属性值为"nstl_library_code"，表示图书馆代码 机构或系统名称，推荐但不限于以下取值： • nstl：NSTL • wos：Web of Science • publisher：出版商
使用限制	可选属性，没有默认值
示例	<institution-id institution-id-type = "nstl_spec" > C2INS20160805181024375M1YJFTUX49 </institution-id> <institution-id institution-id-type = "internal_id" > B2INS20160805181024209 1QEMDT5WYX </institution-id> <institution-id institution-id-type = "Ringgold" >1812 </institution-id>

9.2.27　kwd-group-type 关键词类型

中文名称	关键词类型
名称	kwd-group-type
定义	有两种不同的定义，一种是描述关键词来源方式，另一种是描述关键词组织形式
属性值	用于限定元素 <kwd-group> 推荐但不限于以下取值： ①关键词来源方式 • IEEE：IEEE 赋予的关键词 • author-generated：作者关键词

续表

属性值	• keywords-plus：来自 WOS 的扩展关键词 ②关键词组织形式 • hierarchical：层级结构 • abbreviations：缩写形式 • code：代码形式
使用限制	可选属性，没有默认值
示例	<kwd-group kwd-group-type = "author-generated" > <kwd > Arboviruses </kwd > <kwd > epidemiology </kwd > </kwd-group >

9.2.28 license-type 使用许可类型

中文名称	使用许可类型
名称	license-type
定义	资源的使用许可类型
属性值	用于限定元素 <license > 推荐但不限于以下取值： • open-access：开放获取，不确定具体许可类型时采用该取值 • CC BY：署名（BY） • CC BY-SA：署名（BY）- 相同方式共享（SA） • CC BY-ND：署名（BY）- 禁止演绎（ND） • CC BY-NC：署名（BY）- 非商业性使用（NC） • CC BY-NC-SA：署名（BY）- 非商业性使用（NC）- 相同方式共享（SA） • CC BY-NC-ND：署名（BY）- 非商业性使用（NC）- 禁止演绎（ND） • CC0：作者放弃所有权利，作品进入公有领域，并明确声明为 CC0 • Public Domain：作者放弃所有权利，作品进入公有领域，无明确声明 • CA：仅限教学、科研目的使用，其他使用需获得授权 • Free：仅限个人免费下载使用，保留作品传播、演绎、再利用等权利 • All Rights reserved：保留所有权利 • Others：其他类型 • Unknown：无使用许可声明
使用限制	可选属性，没有默认值
示例	<license license-type = "open-access" > <license-p > This is an Open Access article </license-p > </license >

9.2.29　mime-subtype MIME 子类型

中文名称	多用途互联网邮件扩展类型子类型（MIME 子类型）
名称	mime-subtype
定义	图、多媒体对象或附加资料的 MIME 子类型
属性值	用于限定元素 <supplementary-material>。取值来源于互联网编号分配机构（Internet Assigned Numbers Authority，IANA）
使用限制	可选属性，没有默认值
示例	<supplementary-material mimetype = "video" mime-subtype = "wmv" specific-use = "archival-format" xlink: href = "/003v1"> <object-id pub-id-type = "doi">10.7554/eLife.04135.016</object-id> </supplementary-material>

9.2.30　mimetype MIME 类型

中文名称	多用途互联网邮件扩展类型（MIME 类型）
名称	mimetype
定义	扩展电子邮件标准，能够支持：非 ASCII 字符文本；非文本格式附件（二进制、声音、图像等）；由多部分组成的消息体；包含非 ASCII 字符的头信息等
属性值	用于限定元素 <supplementary-material>。取值来源于互联网编号分配机构（Internet Assigned Numbers Authority，IANA）。取值如 moving images、audio、video
使用限制	可选属性，没有默认值
示例	<supplementary-material mimetype = "video" specific-use = "archival-format" xlink: href = "/003v1"> <object-id pub-id-type = "doi">10.7554/eLife.04135.016</object-id> </supplementary-material>

9.2.31　name-style 姓名类型

中文名称	姓名类型
名称	name-style
定义	结构化姓名的处理请求的类型。选择一种算法对姓名进行正确分类，或执行其他功能
属性值	用于限定元素 <name> 推荐取值： • eastern：展示或排序或分类都是姓在名前 • given-only：只有名 • islensk：展示、分类或排序都是名在姓前 • western：展示时名在姓前，分类或排序时姓在名前

续表

使用限制	可选属性，默认值是："western"
示例	< name name-style = "western" > < surname > Fukumoto < /surname > < given-names > Takafumi < /given-names > < /name >

9.2.32 notes-type 注释类型

中文名称	注释类型
名称	notes-type
定义	对来源或单篇文献注释的类型
属性值	用于限定元素 < notes > 推荐但不限于以下取值： • conflict-interest：利益冲突声明 • source-intro：来源简介 • edition：来源版本 • author-notes：文后作者简介
使用限制	可选属性，没有默认值
示例	< notes notes-type = "conflict-interest" > Conflict of interest statement. None declared. < /notes > < notes notes-type = "edition" > 2nd < /notes >

9.2.33 pub-id-type 出版物标识符类型

中文名称	出版物标识符类型
名称	pub-id-type
定义	可以是通用出版物标识符类型，也可以是机构或系统中的标识符类型。描述对象为任意出版物类型
属性值	用于限定元素 < article-id >，标识符类型为单篇文献唯一标识符类型；用于限定元素 < object-id >，标识符类型为全文文件、图、表、附加资料标识符类型；用于限定元素 < pub-id >，标识符类型为出版物标识符类型，出版物涵盖来源、单篇文献、图、表等对象 既可以是通用标识符，推荐但不限于以下取值： • doi：数字对象唯一标识符

续表

属性值	• sici：Serial Item and Contribution Identifier（一个期刊论文可能有多个 sici，一个标识纸版，一个标识电子版） • bici：Book Item and Component Identifier • pii：Publisher Item Identifier • index：文摘索引服务标识符 • coden：已淘汰的 PDB/CCDC 标识符（可能出现在旧文献中） • pmcid：PubMed 中心标识符 • pmid：PubMed 标识符 • archive：仓储标识符 • art-access-id：仓储间数据交换和检索的文献访问标识符 • doaj：开放获取期刊目录 • manuscript：稿件 id 也可以是机构或系统创建的标识符，推荐取值规则：机构或系统名称_机构或系统中的出版物标识符字段名称。例如，机构名称为 wos，标识符字段名称为 wos 中的单篇文献唯一标识符字段 uid，则属性值为“wos_uid”，表示单篇文献唯一标识符来自 wos，取值对应的是 uid 字段值。通过标识机构或系统中的标识符字段名称，可解决一个机构或系统中同一对象有多种标识符的问题 属性值为“nstl_spec”，默认为 NSTL 数据唯一标识符 属性值为“internal_id”，默认为 NSTL 系统内部数据编号 机构或系统名称，推荐但不限于以下取值： • nstl：NSTL • wos：Web of Science • publisher：出版商
使用限制	可选属性，没有默认值
示例	<article-id pub-id-type = "nstl_spec"> B2ART20151008152310321042383676A </article-id> <article-id pub-id-type = "wos_uid"> WOS: 000313239600003 </article-id> <article-id pub-id-type = "doi"> 10. 1002/aenm. 201200540 </article-id> <fig> <object-id pub-id-type = "internal_id"> B2FIG20160805181028697FZAJT8F2RF </object-id> <graphic xlink. href = "graphic/cclm-2013-0581_fig1. jpg"/> </fig> <ref> <pub-id pub-id-type = "internal_id"> B2REF20160805181024209NVWCOH52CD </pub-id>

续表

示例	<article-title>Getting ready for building: signaling and autophagosome biogenesis</article-title> <source-title>EMBO Reports</source-title> </ref>

9.2.34 publication-format 出版物格式

中文名称	出版物格式
名称	publication-format
定义	出版物的介质或格式
属性值	用于限定元素<pub-date>、<date>、<isbn>、<issn>、<ref> 推荐但不限于以下取值： • print：纸质版 • electronic：电子版 • online-only：网络版 • video：视频 • audio：音频 • slide：幻灯片 • cd-rom：只读光盘 • dvd：DVD • pdf：PDF • spreadsheet：电子表格 • videocassette：录像带 • audiocassette：录音带
使用限制	可选属性，没有默认值
示例	<pub-date publication-format="print"gbt-7408-date="2015-09-23"> <day>23</day> <month>09</month> <year>2015</year> </pub-date> <issn publication-format="electronic">1091-6490</issn>

9.2.35 publication-type 参考文献类型

中文名称	参考文献类型
名称	publication-type

续表

定义	在参考文献中引用的出版物类型
属性值	用于限定元素 <ref> 推荐但不限于以下取值： • journal：期刊 • proceedings：会议录 • book：专著 • series：丛书 • collection：文集汇编 • reference material：工具书 • course：课程 • article：研究论文 • book chapter：专著章节 • report：科技报告 • thesis：学位论文 • courseware：课件 • webpage：网页 • commun：私人交流 • newspaper：报纸 • poster-session：海报论文 • discussion：讨论 • wiki：Wiki • blog：博客 • data：数据 • patent：专利 • standard：标准 • letter：信件 • review：评论 • working paper：工作文档
使用限制	可选属性，没有默认值
示例	<ref seq="1" publication-type="journal"> <article-title>The ER-Golgi intermediate compartment (ERGIC): in search of its identity and function</article-title> … </ref>

9.2.36 ref-type 引用目标对象类型

中文名称	引用目标对象类型
名称	ref-type
定义	引用的目标元素的类型
属性值	用于限定元素 <xref> 推荐以下取值： • inst：机构 • addr：地址
使用限制	可选属性，没有默认值
示例	<xref ref-type = "inst" rsno = "2" >2 </xref> <xref ref-type = "addr" rsno = "1" >1 </xref>

9.2.37 relation-type 沿革关系类型

中文名称	沿革关系类型
名称	relation-type
定义	来源与来源之间的沿革关系类型
属性值	用于限定元素 <relation-type> 推荐但不限于以下取值： • absorbed_part：部分吸收 • merge：合并 • continues_part：部分继承 • continues：继承 • absorbed：吸收 • separated from：分自 • absorbed_by：并入 • merged：与……合并而成 • split：分成 • continued_part_by：由……部分继承 • absorbed_part_by：部分并入 • continued_by：由……继承 • changed back：改回
使用限制	可选属性，没有默认值
示例	<relation> <source-id source-id-type = "nstl_spec" > A3SRC20150812101530786578118256Y </source-id> <relation-typerelation-type = "continues" > <source-id source-id-type = "nstl_spec" >

续表

示例	A3SRC20160731210321113GJFLYDX2YL </source-id> </relation-type> </relation>

9.2.38　rsno 内部序号引用

中文名称	内部序号引用
名称	rsno
定义	与引用的目标元素中内部序号的取值相同
属性值	用于限定元素 <xref>。对某些具有 sno 属性的元素的引用，这些元素的 sno 属性值必须与 rsno 属性的值相同
使用限制	可选属性，没有默认值
示例	<xref ref-type = "inst"rsno = "1" > 1 </xref>

9.2.39　sec-type 章节类型

中文名称	章节类型
名称	sec-type
定义	小节的类型
属性值	用于限定元素 <section>，取值为文本、数字或特殊字符
使用限制	可选属性，没有默认值
示例	<section sec-type = "第一章" > <title>概论 </title> <fpage>3 </fpage> … </section>

9.2.40　seq 序号

中文名称	序号
名称	seq
定义	页码等出现的顺序号
属性值	用于限定元素 <fpage>、<contrib>、<holding>、<ref>，取值为文本、数字或特殊字符
使用限制	用于 <contrib>、<ref>，必备。用于其他元素，可选属性，没有默认值

续表

示例	< fpage seq = "1" > 1 < /fpage > < contrib contrib-type = "author" seq = "2" > < contrib-id contrib-id-type = "internal_id" > B2CTR20160805181024210VMAYDZT9W9 < /contrib-id > < name > < surname > Meyer < /surname > < given-names > Ingo < /given-names > < /name > < /contrib > < holding state = "normal" seq = "1" > < holding-number > LW032000 < /holding-number > < institution-id institution-id-type = "nstl_library_code" > CN311001 < /institution-id > < institution > 中国科学院文献情报中心 < /institution > < /holding > < ref seq = "1" publication-type = "journal" > < article-title > The ER-Golgi intermediate compartment (ERGIC): in search of its identity and function < /article-title > … < /ref >

9.2.41 sno 内部序号

中文名称	内部序号
名称	sno
定义	赋予机构或地址的序号，允许引用
属性值	用于限定元素 < institution-wrap > 、 < address >，取值为数字
使用限制	可选属性，没有默认值
示例	< institution-wrap sno = "2" > < institution-id institution-id-type = "nstl_spec" > B2INS20160621162911180K2Q6WRKL9N < /institution-id > < institution > University of Cambridge < /institution > < /institution-wrap >

9.2.42 source-id-type 来源唯一标识符类型

中文名称	来源唯一标识符类型
名称	source-id-type

续表

定义	可以是通用来源标识符类型，也可以是机构或系统中的唯一标识符类型
属性值	用于限定元素 <source-id>，取值为文本、数字或特殊字符 如果来源类型为期刊，来源唯一标识符默认为期唯一标识符。同时，来源唯一标识符也可包括品种唯一标识符、卷唯一标识符 来源唯一标识符类型既可以是通用标识符如 doi、coden、cn 等，也可以是机构或系统创建的唯一标识符，推荐取值规则：机构或系统名称_机构或系统中的来源唯一标识符字段名称。例如，机构或系统名称为 wos，唯一标识符字段名称为 wos 中的期唯一标识符字段 ids，则属性值为“wos_ids”，表示来源唯一标识符来自 wos，取值对应的是 ids 字段值。属性值为“nstl_spec”，默认为 NSTL 数据唯一标识符。通过标识机构或系统中的唯一标识符字段名称，可解决一个机构或系统中有多种唯一标识符的问题 机构或系统名称，推荐但不限于以下取值： • nstl：NSTL • wos：Web of Science • publisher：出版商
使用限制	可选属性，没有默认值
示例	<source-id source-id-type = "nstl_spec"> B2SRC20150812101530123448118256Y</source-id>

9.2.43 specific-use 具体应用

中文名称	具体应用
名称	specific-use
定义	元素的特定应用
属性值	用于限定元素 <source-title>、<full-name>、<institution>、<conf-name>、<award-name>、<institution-wrap>、<fulltext-file>、<supplementary-material>、<access-group> • 在 <source-title>、<full-name>、<institution>、<conf-name>、<award-name> 中，表达规范信息，如“pref”（规范名称）、“alternative”（其他名称）等 • 在 <institution-wrap> 中，表达主办承办信息，如“host”（主办）、“organizer”（承办）等 • 在 <fulltext-file>、<supplementary-material> 中，表达版本类型信息，如“published-version”（正式出版稿）、“pre-print”（预印本）、“post-print”（后印本）、“archival-format”（仓储版本）等 • 在 <access-group> 中，表达使用范围信息，如“researchers-only”（仅限科研人员）、“subscribers”（订购用户）、“all”（所有人）等

续表

使用限制	可选属性，没有默认值
示例	<institution specific-use = "pref" > National Science and Technology library </institution > <institution specific-use = "alternative" > NSTL </institution > <conf-sponsor > <institution-wrap specific-use = "host" > <institution-id institution-id-type = "internal_id" > B2CON20160805181023541201DA26ZTF </institution-id > <institution specific-use = "pref" > Royal Netherlands Academy of Arts and Sciences </institution > </institution-wrap > </conf-sponsor > <fulltext-file mimetype = "pdf" specific-use = "pre-print" xlink: href = "/003v1" > <object-id pub-id-type = "internal_id" > B2FLT201608051810235423MWLKVQ41J </object-id > </fulltext-file > <supplementary-material mimetype = " pdf " specific-use = " archival-format " xlink: href = "/04135fs009" > <object-id pub-id-type = "internal_id" > B2SUP201608051810235423OPYDOUIVT </object-id > </supplementary-material > <access-group access-type = "ext-link" specific-use = "all" > < ext-link ext-link-type = " uri " content-type = " pdf " xlink: href = " http://www. gpo. gov/fdsys/pkg/PLAW-111publ31/pdf/PLAW-111publ31. pdf"/ > </access-group >

9. 2. 44 state 数据状态

中文名称	数据状态
名称	state
定义	描述数据的状态，如正常、撤销、删除
属性值	用于限定元素 <holding >、<process-group > 推荐但不限于以下取值： • normal：正常 • delete：删除 • revoke：撤销
使用限制	必备属性，默认为正常

续表

示例	<holding facet-type = "article" state = "normal"> <holding-number>LW032000</holding-number> <institution-id institution-id-type = "nstl_library_code">CN311001</institution-id> <institution>中国科学院文献情报中心</institution> </holding> <process-group facet-type = "article" state = "normal"> <process-date>2015-09-15</date> <institution-id institution-id-type = "nstl_library_code">CN311001</institution-id> <institution>中国科学院文献情报中心</institution> <mode>key in</mode> </process-group>

9.2.45 subj-group-type 主题词表

中文名称	主题词表
名称	subj-group-type
定义	描述主题词来源的词表或本体信息
属性值	用于限定元素<subj-group> 推荐但不限于以下取值： • STKOS：超级科技词表 • MeSH：MeSH 词表 • AGROVOC：农业主题词表 如果是 wos 中的主题，取值为"wos_heading""wos_subheading""wos_traditional""wos_extended"
使用限制	可选属性，没有默认值
示例	<subj-group subj-group-type = "STKOS"> <subject>Science</subject> </subj-group> <subj-group subj-group-type = "wos_headings"> <subject>Science & Technology</subject> </subj-group> <subj-group subj-group-type = "wos_subheadings"> <subject>Physical Sciences</subject> <subject>Technology</subject>

续表

示例	</subj-group> <subj-group subj-group-type = "wos_traditional"> <subject>Chemistry, Physical</subject> <subject>Energy & Fuels</subject> <subject>Materials Science, Multidisciplinary</subject> </subj-group>

9.2.46 units 测量单位

中文名称	测量单位
名称	units
定义	大小或长度的测量单位
属性值	用于限定元素<size> 推荐但不限于以下取值： • pages：页数 • minutes：分钟 • linear-feet：英尺 • seconds：秒 • MB：兆字节
使用限制	必备属性
示例	<size units = "pages">385</size>

9.2.47 version 标准版本

中文名称	标准版本
名称	version
定义	文献所遵循的 XSD 或 DTD 标准版本
属性值	用于限定元素<record>
使用限制	必备属性，没有默认值
示例	<record version = "2.7">…</record>

9.2.48 xlink: href 超链接

中文名称	超链接
名称	xlink: href

续表

定义	指向资源的链接，可以是 URL
属性值	用于限定元素 <chem-struct>、<ext-link>、<graphic>、<conference>、<award-group>、<license>、<supplementary-material>，取值为文本、数字或特殊字符
使用限制	用于 <graphic>，必备。用于其他元素，可选属性，没有默认值
示例	<license license-type = "open-access" xlink: href = "http: //creativecommons. org/licenses/by/4. 0/"> <license-p>This content is open access. </license-p> </license> <conference xlink: href = "http: //events. linkeddata. org/ldow2011/#proceedings" facet-type = "source"> <conf-id conf-id-type = "internal_id"> B2CON20160805181024209NVWCOH52CD </conf-id> <conf-name>Linked Data on the Web(LDOW2011) </conf-name> <conf-acronym>LDOW2011 </conf-acronym> <conf-loc>Hyderabad, India </conf-loc> <conf-date gbt-7408-date = "2011-03-29">2011 </conf-date> </conference> <ext-link ext-link-type = "uri" xlink: href = "http: //www. degruyter. com/view/j/cclm. 2014. 52. issue-3/issue-files/cclm. 2014. 52. issue-3. xml" > http: //www. degruyter. com/view/j/cclm. 2014. 52. issue-3/issue-files/cclm. 2014. 52. issue-3. xml </ext-link>

9. 2. 49 xml: lang 语种

中文名称	语种
名称	xml: lang
定义	嵌入在文献内的语种属性，可表示题名语种、摘要语种、正文语种等
属性值	用于限定元素 <source-type>、<source-title>、<source-subtitle>、<trans-source>、<abbrev-source-title>、<collab>、<institution>、<country>、<abstract>、<trans-abstract>、<article-title>、<caption>、<subtitle>、<alt-title>、<trans-title>、<record>、<toc>、<name>、<trans-title-group>、<kwd-group>、<subj-group>、<conference>、<conf-loc>、<fulltext-file>、<fig>、<table>、<supplementary-material>、<ref> 遵循 GB/T 4880. 1—2005 标准，取值为 2 个小写字符，如 en
使用限制	①在 <record> 元素中默认取值为 en ②在其他元素中默认取值为 <record> 元素中的 xml: lang 值 ③可选属性

续表

示例	<article-title xml: lang = "en" > Effect of Interfacial Engineering in Solid-State Nanostructured Sb2S3 Heterojunction Solar Cells </article-title > < name xml: lang = "en" > < full-name > Ingo Meyer </full-name > < surname > Meyer </surname > < given-names > Ingo </given-names > </name >

10 形式化描述

10.1 元数据 Schema

元数据 Schema 请见 http://spec.nstl.gov.cn/namespace/nstl-metadata-schema。

10.2 元数据 DTD

元数据 DTD 请见 http://spec.nstl.gov.cn/namespace/nstl-metadata-dtd。

附录 A NSTL 统一文献元数据的数据唯一标识符规则

A.1 适用范围

①NSTL 数字业务流程中各个系统产生的数据都应采用该规则生成数据唯一标识符。

②统一文献元数据标准定义的来源（含期刊品种）、单篇文献、贡献者、机构、基金、会议、参考文献、全文文件、图、表、附加资料等元素集要求赋予数据唯一标识符。

③NSTL 各业务系统如有特定的数据编号需求，可参照该规则生成内部数据编号。内部数据编号不参与数据流转和交换，只在系统内部使用。

A.2 基本要求

①数据唯一标识符在 NSTL 数字业务流程中长期有效并保持唯一性，系统更换、更新或数据迁移时应保留数据唯一标识符。

②NSTL 数字业务流程中的后续系统应保留和继承前端系统生成的数据唯一标识符。例如，联合编码系统生成了来源数据唯一标识符，则后续的数据加工系统和仓储系统要继承使用。

A.3 数据唯一标识符生成规则

数据唯一标识符由 32 位字符组成，具体构成如下：

[系统标识]+[元素集标识]+[时间戳]+[序列号]+[校验码]

①系统标识由 2 位字符组成，主要用来标识产生数据的系统，如附表 A-1 所示。

②元素集标识由 3 位字符组成，如附表 A-2 所示。

③时间戳由 17 位字符组成，记录数据创建的时间。时间戳精确到毫秒，格式为 yyyyMMddHHmmssSSS。

④序列号由 9 位字符组成，取值为数字或者字母，由系统随机生成。

⑤校验码是唯一标识符的最后一位，取值为数字或者字母，由前面 31 位字符通过运算得出。校验码的采用标准为 GB/T 17710—2008《信息技术 安全技术 校验字符系统》。

数据唯一标识符的例子如下。

例 1：NSTL 联合编目系统于 2015 年 8 月 12 日产生的 1 条图书数据，这条数据的唯一标识符为：A3SRC20150812101530123448118256Y。

例 2：NSTL 联合数据加工系统于 2015 年 10 月 8 日产生的 1 条论文数据，这条数据的唯一标识符为：B2ART20151008152310321042383676A。

附表 A-1 NSTL 现有业务系统标识

序号	系统名称	系统标识
1	NSTL 文献综合管理系统	A2
2	NSTL 联合编目系统	A3
3	NSTL 联合数据加工系统	B2
4	NSTL 数据集成管理系统	B3
5	NSTL 名称规范库系统	C2
6	NSTL 数据仓储系统	D2
7	NSTL 外文回溯期刊全文系统	D3

附表 A-2 元素集标识

序号	元素集名称	元素集标识
1	来源	SRC
	期刊品种	CAT
2	单篇文献	ART
3	贡献者	CTR
4	机构	INS
5	基金	AWD

续表

序号	元素集名称	元素集标识
6	会议	CON
7	参考文献	REF
8	全文文件	FLT
9	图	FIG
10	表	TBL
11	附加资料	SUP

注：如果来源类型为期刊，则来源指的是期刊的期，期刊品种特指期刊的品种信息。赋予唯一标识符时，可选用不同的元素集标识进行区分。

A.4 数据唯一标识符的可选推荐规则

如果业务系统已经使用 UUID，可以沿用 UUID 方式生成 32 位的数据唯一标识符。UUID 含义是通用唯一识别码（Universally Unique Identifier），标准的 UUID 格式为：××××××××-××××-××××-××××-××××××××××××（8-4-4-4-12），其中每个×是 0～9 或 a～f 范围内的一个十六进制的数字。例如，6F9619FF-8B86-D011-B42D-00C04FC964FF 即为有效的 UUID 值。

UUID 主要是结合机器的网卡、纳秒级时间戳、芯片 ID 码和随机数字来生成，通常平台会提供生成 UUID 的 API。UUID 是以下几部分的组合：①当前日期和时间；②时钟序列；③全局唯一的 IEEE 机器识别号，如果有网卡，从网卡 MAC 地址获得，如果没有网卡以其他方式获得。

附录 B 特殊字符处理方法

在数据元素，例如，<abbrev-source-title>、<abstract>、<addr-line>、<alt-title>、<article-title>、<award-acronym>、<award-name>、<bio>、<chem-struct>、<classification>、<collab>、<conf-acronym>、<conf-name>、<conf-num>、<conf-theme>、<copyright-holder>、<copyright-statement>、<email>、<ext-link>、<full-name>、<funding-statement>、<given-names>、<institution>、<kwd>、<license-p>、<mixed-citation>、<notes>、<phone>、<prefix>、<role>、<series>、<source-subtitle>、<source-title>、<string-conf>、<sub>、<subject>、<subtitle>、<suffix>、<sup>、<supplement>、<surname>、<td>、<th>、<title>、<trans-abstract>、<trans-source>、<trans-subtitle>、<trans-title>、<xref>中存在化学结构、数学公式、下标、上标，本标准使用<chem-struct>、<mml:math>、<sub>、<sup>描述这些特殊字符。

B.1 chem-struct 化学结构

中文名称	化学结构
名称	chem-struct
URI	https://spec.nstl.gov.cn/namespace/1.0/chem-struct
定义	化学表达式、化学反应、化学方程式等
注释	此元素可以用多种方式表示化学结构，包括在文本中用上下标的形式、图形表示等
描述	以下元素的任意组合： • 文本、数字或特殊字符 • <chem-struct>化学结构，元素出现 0 次或多次 • <mml:math>数学公式，元素出现 0 次或多次 • <sub>下标，元素出现 0 次或多次 • <sup>上标，元素出现 0 次或多次 • <graphic>图像，元素出现 0 次或多次
相关元素	无
属性	xlink:href 超链接
示例	<chem-struct xlink:href="chem0435f001.jpg">C₆H₁₂O₆+ 6 O₂⟶ 6 CO₂+ 6 H₂O </chem-struct>

B.2 mml:math 数学公式

中文名称	数学公式
名称	mml:math
URI	https://spec.nstl.gov.cn/namespace/1.0/mml:math
定义	遵循 W3C 的 MathML 2.0 标准
注释	依照 MathML 2.0 即 http://www.w3.org/TR/MathML 2 标准
描述	无
相关元素	无
属性	无
示例	无

B.3 sub 下标

中文名称	下标
名称	sub
URI	https://spec.nstl.gov.cn/namespace/1.0/sub
定义	又称下角标，是出现在一列正常字体下方的数字、字母或其他标识
注释	下标标识的内容位于基准线以下，比正常文本字体要小，位于下方
描述	以下元素的任意组合： • 文本、数字或特殊字符 • <chem-struct>化学结构，元素出现 0 次或多次 • <mml: math>数学公式，元素出现 0 次或多次 • <sub>下标，元素出现 0 次或多次 • <sup>上标，元素出现 0 次或多次
相关元素	<sup>上标
属性	无
示例	₂

B.4 sup 上标

中文名称	上标
名称	sup
URI	https://spec.nstl.gov.cn/namespace/1.0/sup
定义	又称上角标，是出现在一列正常字体上方的数字、字母或其他标识
注释	上标标识的内容位于基准线以上，比正常文本字体要小，位于上方
描述	以下元素的任意组合： • 文本、数字或特殊字符 • <chem-struct>化学结构，元素出现 0 次或多次 • <mml: math>数学公式，元素出现 0 次或多次 • <sub>下标，元素出现 0 次或多次 • <sup>上标，元素出现 0 次或多次
相关元素	<sub>下标
属性	无
示例	^s